孩子，
有话你要跟我说

TALK TO YOU

赵捷◎著

北京理工大学出版社

BEIJING INSTITUTE OF TECHNOLOGY PRESS

图书在版编目（CIP）数据

孩子，有话你要跟我说 / 赵捷著. —北京：北京理工大学出版社，2015.1（**2017.3** 重印）
ISBN 978-7-5640-9924-4

Ⅰ.①孩… Ⅱ.①赵… Ⅲ.①亲子关系－家庭教育 Ⅳ.①G78

中国版本图书馆CIP数据核字（2014）第256235号

出版发行 / 北京理工大学出版社有限责任公司
社　　　址 / 北京市海淀区中关村南大街5号
邮政编码 / 100081
电　　　话 / (010) 68914775（总编室）
　　　　　　82562903（教材售后服务热线）
　　　　　　68948351（其他图书服务热线）
网　　　址 / http://www.bitpress.com.cn
经　　　销 / 全国各地新华书店
印　　　刷 / 北京泽宇印刷有限公司
开　　　本 / 710毫米×1000毫米　1/16
印　　　张 / 15　　　　　　　　　　　　责任编辑/王俊洁
字　　　数 / 197千字　　　　　　　　　　文案编辑/王俊洁
版　　　次 / 2015年1月第1版　2017年3月第4次印刷　　责任校对/周瑞红
定　　　价 / 29.80元　　　　　　　　　　责任印制/马振武

目 录
contents

第五章　不把孩子当成麻烦制造者

第一章

赢得孩子信任，孩子才会把话说出来

孩子最喜欢做什么？和他一起做

家教现场

晓晓小的时候是个可爱的小姑娘，但是她的性格却像个男孩，男孩爱玩的东西她都爱玩。7岁的时候她曾经和别的小朋友一起爬树，差点摔下来，除了爱玩陀螺、滑板车等之外，她还有个特别大的爱好，就是爱玩捏泥。但是没有几个小朋友愿意和她一起玩，因为孩子玩捏泥容易弄脏衣服而被大多数妈妈禁止，还好，晓晓爸爸的想法不一样，他不仅不禁止，还经常陪着孩子一起玩捏泥，他经常说的一句话就是："你喜欢玩什么，爸爸就陪你一起玩。"

只要有时间，晓晓就和爸爸从广场的树底下挖来很多土，加上水，和成泥。一会儿稀了，一会儿稠了，爸爸就在旁边指导。因为泥的原因，刚开始捏出来的东西没过一会儿工夫就裂开了，晓晓很伤心，爸爸安慰好女儿后，就回家查找资料，查到哪里有适合玩捏泥用的泥，到了周末，爸爸就开车带着晓晓去郊区找这种泥。

有了这些好质量的泥，晓晓的"捏泥世界"就变得更丰富多彩了。爸爸发

现，晓晓好像有捏泥的天赋似的，玩了一段时间后，他发现晓晓捏的东西有模有样了，后来爸爸还带着晓晓看了好多这方面的书，每次晓晓都特别感兴趣。

转眼间，晓晓慢慢长大了，但是她对这方面的兴趣却丝毫没有减少，后来她参加了全国青少年陶艺大赛，并获得了一等奖。每当她看到奖杯的时候，晓晓都会自豪地说："非常感谢爸爸，是他在这方面一直陪着我从什么都不会到现在获奖，感谢他陪我做我喜欢的事情。"

好妈妈分析

很多父母经常喜欢给孩子安排好除了学习以外的一切课余生活，而这些课余时间做的事情并不一定是孩子喜欢做的。当孩子有自己喜欢做的事情时，却经常被家长以各种理由禁止，最后，好多孩子的兴趣被扼杀在了摇篮里。案例中，晓晓的爸爸给我们做了一个很好的榜样，当捏泥被很多妈妈禁止的时候，晓晓的爸爸却支持并陪着孩子一起做，原因就是因为孩子喜欢，正是有了爸爸在这方面的支持甚至陪着她一起做，晓晓后来在陶艺方面才会获得这么好的成绩。

父母也知道要尽量多陪伴孩子，但是这种陪伴不是父母站在旁边袖手旁观，更不是陪着孩子做父母希望孩子做的事情，而是要陪孩子做一些孩子自己喜欢的事。在做这些事的过程中，父母要多听孩子的心声，多给孩子一些鼓励和肯定，这样亲子间的相处才会变得融洽、和谐，孩子也会更听话，会用心体谅父母的辛劳。父母这样做还有一个好处，就是可以使教育很自然地融入陪伴中，不强行灌输。比如，孩子大一点以后，父母常常陪孩子去看孩子喜欢的电影，如果有不懂的地方，父母可以适当地解释和评述，电影讲述的道理会给孩子留下更深刻的印象，这比父母直接灌输的效果要好得多。

好爸妈支招

在父母教育孩子的过程中，会发现孩子的兴趣和父母有差异，孩子经常执着地去做他们感兴趣的事情，那么做父母的该怎么办呢？是支持还是反对？最好的做法是不仅要支持，还要陪孩子一起做孩子喜欢的事，那么父母怎样做效果才好呢？

1. 父母平时要捕捉孩子的每一点快乐

当孩子看动画片哈哈大笑时，当孩子玩游戏累得满头大汗时，当孩子聚精会神地画画时，不要严厉地打断孩子"赶快去做作业"，而要静静地陪孩子玩一会儿，和他们一起欢笑。在这一会儿，父母要忘掉孩子的成绩、学业、功课和其他东西，孩子就会觉得父母时时刻刻都是关注自己、支持自己的。这使孩子在做别的事情的时候也会显得很自信，因为孩子知道，父母就在自己的身后。当以后父母再向孩子提出要求时，孩子也会很乐意地接受。

2. 父母要珍惜孩子的每一次请求

当孩子发出"陪陪我"的请求时，父母要尽量满足孩子，暂时放下手中的事情，认真地陪着孩子一起做他想要做的事情。在这个时候，父母别试图把和孩子在一起的每一分钟都变成教育，而应该通过言传身教，让孩子一边学习，一边观察，从父母的言行中学会做人做事。

总之，父母不要忽略孩子的喜好，当孩子喜欢做一件事的时候，父母如果有时间，就陪着孩子一起做，用父母的爱让孩子的灵感之花开得更绚丽！

抓大放小，不要事事都管

家教现场

蕾蕾14岁了，最近受到电视剧和同学的影响，自己特别注意打扮了，但是这种打扮在妈妈看来却显得那么另类：黄头发、满是破洞的裤子等，最重要的是妈妈见蕾蕾最近经常和一些社会上的小青年来往，妈妈开始有点担心了。

一次吃完晚饭后，妈妈和蕾蕾认真地谈起来。妈妈说："妈妈知道你现在长大了，有了自己的审美观，所以你留这样的头发、穿成这样，虽然我并不喜欢，但是我还是尊重你自己的选择。妈妈当年也和你一样，喜欢自己涂涂指甲什么的，因为我觉得那样很美。后来有几个辍学的同学还经常找我玩，我们一起去城里瞎逛，但是我当时毕竟还在读书，我的成绩也因此下降了不少。后来在老师的劝说下，我及时和他们断了联系，最后在关键时刻冲刺考上了大学。"

习惯了妈妈天天唠叨的蕾蕾吃了一惊，没想到妈妈现在变得这么温柔而且通情达理了，于是对妈妈说："妈妈，我知道了，我以后不会和那些人一起瞎混了，但是我还是觉得我这个牛仔裤挺好看的，电视里面都这么穿呢。""行，你觉得这么穿着舒服，妈妈不反对，这些事情你自己做决定。"母女俩开心地笑了。后来经过努力，蕾蕾顺利考上了重点高中。

好妈妈分析

父母经常会同时面临孩子的许多问题：写作业字迹潦草、爱化妆、丢三落四，等等，有些父母喜欢遇到任何事情就对孩子来一顿批评数落，最后孩子听得多了，父母的什么批评建议反而都听不进去了。如果父母换一种方式，对孩子的事情不要事事都管，抓大放小，孩子反而更容易接受。比如，案例中的妈妈，如果她像其他父母一样先对孩子的头发训斥一顿，接着再对衣服批评一通，最后针对交友问题再数落一番，估计蕾蕾会很难再听得进去妈妈的话。

进入青春期的孩子大多都比较叛逆，而且主张个性自由。他们眼中所谓的美，很多是家长不能接受的。在对待一些事情上，家长认为不合适的，孩子偏偏认为应该这样做，如果父母去阻止，孩子就会故意与父母对着干，并且喊着自由的口号：我有自己喜欢的权利，你越不让我做，我偏要做。面对这样的问题，父母顿时觉得手足无措。其实，纠正孩子的错误要善于抓大放小，先拣大的关键性的问题去解决，一些无关紧要的行为不妨先放一放，随着孩子年龄的增加，孩子自然会有正确的认识。父母一次性啰啰唆唆给孩子提出一大堆问题，会使孩子无所适从，不仅打击自信心，而且容易制造负面情绪。

好爸妈支招

在遇到孩子出现问题时，如果与孩子计较太多，家长整天都会有生不完的气，孩子也会有受不完的委屈。所以，教育孩子最好的办法是抓大放小，关注最重要的事情，父母不妨尝试一下下面的方法。

1. 家长要适时放手

随着孩子慢慢长大，父母应该放手让孩子承担自己的言行所带来的后果。比如，孩子天天赖床，父母最好不要当"闹钟"，也不要天天去批评孩子太懒，让孩子自己去面对因为迟到而受到的老师的批评。孩子迟到几次后，就会因此纠正自己的行为。

2. 家长要真正做到抓大放小

孩子在成长的过程中有许多事情需要大人操心，但有些事情是无关紧要的，随着长大，会自然改变。因此，家长不要对孩子盯得那么紧，要把精力放在孩子成长中的那些重要的事情上，比如，孩子的人生观、价值观、学习习惯、学习方法等。父母说得越多，孩子真正听进去的话就越少，父母的威信也就越低。科学的方式是：可说可不说的，就不说；同时有好几件事要说的，就挑一件最重要的说，其他的事情等这件事了结后再说；复杂的事情要分步骤说，先从孩子最容易做到的步骤说，完成这一步，再说下一步。

总之，父母教育孩子要抓大放小，只要大方向对了，路走正了，做人没问题了，那就好了。不必计较孩子的小毛病，尽量多给他讲道理，以理服人，以德服人，用自己的言传身教引导他，孩子自然就进步了。

关注孩子的压力，帮他们及时化解

家教现场

陈亚楠的成绩在班里不错，特别是英语，作为英语课代表的她对自己的英语也充满了自信。两年一次的全国英语竞赛马上就要到了，陈亚楠也早早地就开始自己先着手准备竞赛，她以为自己会被老师选中去参加竞赛考试，因此提前把这件事情告诉了父母，父母也为女儿能有机会参加这种全国性质的竞赛而感到高兴。

但是，令陈亚楠没有想到的是，班主任和英语老师经过综合考虑，没有选她参赛，这一下子让陈亚楠感觉天空都是灰色的了。星期天，被抽选的同学都去参加考试了，陈亚楠却躲在屋里哭泣，埋怨老师偏心，觉得自己在父母面前丢面子了，甚至不想再去上学。

爸爸知道当天是参加竞赛的日期，看女儿躲在屋里，知道她心情不好，于是拿着画架，带女儿去郊外写生，那是女儿最爱做的事情。这样玩了一天后，陈亚楠的心里觉得舒畅多了。

好妈妈分析

在成年人看来，孩子的童年似乎是一段无忧无虑的快乐时光。但其实孩子也会经受各种压力。比如，考试、交友等可能有时会对孩子造成巨大的压力。孩子压力过大、心情郁闷时，父母可以让孩子做自己感兴趣的事情，像陈亚楠的父母那样，孩子转移了注意力，心理压力自然就会得到缓解，父母也可以带着孩子锻炼身体，让孩子找朋友倾诉等，这些方式也能够减轻孩子的心理压力，帮助孩子快速走出消极的情绪。

每个人的生活都不可能一帆风顺，谁都会遇到这样那样的困难，经受大大小小的挫折。如果孩子遇到困难就害怕，遭受挫折就退缩，那么孩子时刻都会受到心理压力的煎熬，遇到挫折就会承受不了打击，惧怕困难，对其成长十分不利。所以，当孩子遇到了不如意之事，父母要让孩子看到这些挫折的有利一面，不要被困难吓倒，并且指导孩子把压力变为动力，激励孩子努力向上，这样既能缓解孩子的心理压力，又能使孩子进步。

好爸妈支招

孩子因为缺乏人生经验，看问题不全面，很多时候会把不好的结果无限地夸大，从而使自己的心理压力陡增，作为父母，虽然无法使孩子免受压力，但是可以帮助孩子化解压力。

1. 父母要倾听孩子的心声

父母要想帮助孩子克服压力，就要先关注孩子心理上有什么压力、压力是从哪里来的，所以，父母要抽出时间和孩子面对面地交谈，专心地看着孩子，认真地听他说话。只有父母肯把心交给孩子，孩子才肯把心交给父母。这样，父母才能了解孩子心理压力的真实情况，才能够针对问题帮助他们。倾诉，也是一种很好的释放压力的方式。

2. 父母要帮助孩子学会面对压力

孩子有时候因受到挫折，比如，考砸了、被老师批评、被同学嘲笑、孤立等，都会感到压抑、恐惧、不知所措。这时，父母应当开导孩子，让孩子明白人的一生必然会经历这些，要学会坦然接受。当孩子心情压抑时，带孩子去公园、陪孩子做他喜欢做的事情，等等，这样通过转移孩子的注意力，能让压力得到有效化解。

3. 父母要给孩子设立合理目标

对孩子来说，很多的压力可能来源于父母的期望和目标。因此，父母在给孩子设定目标时，不要太高，要从孩子的实际出发，设立一个孩子跳一跳就能够到的目标，父母心态平和是孩子心情放松的关键。

4. 父母可以和孩子一起分享自己的经验

父母小时候一定也曾经遇到过和孩子类似的情况，当时自己是怎样对待的，这些都可以用一些通俗易懂的语言和孩子分享。当孩子知道了父母原来也常常会面对压力和烦恼的时候，他们对父母所说的话就比较容易听进去了。父母告诉子女自己是怎样应付压力的，实际上是为孩子树立了一个很好的榜样，也就增强了孩子克服压力的勇气和信心。

总之，父母要以积极的态度化解孩子的压力，而不是置之不理，要让孩子知道，不管遇到多大的困难或压力，父母都会在身边帮助支持自己。

让孩子知道父母的出发点是帮助而不是控制

家教现场

吴桐最近特别郁闷，她发现自从自己上了初三，妈妈对自己可谓全方位控制：晚上十点之前必须睡觉、周末不能和朋友一起出去玩，连自己爱看的故事书都全部被封存起来……美其名曰一切都是为了迎接中考。还有一件最让吴桐接受不了的规定就是：放学了，不能和成绩差的同学一起走，也不能和男同学一起走。

一次放学后，班上一个成绩差点的同学想找吴桐借一本参考资料，而这本书刚好被吴桐放在了家里，吴桐害怕把同学带到家里会受到妈妈的盘问和指责，于是便让这位同学在楼下等着，可是不巧，就在吴桐给同学书的时候，被买菜回来的妈妈发现了。回到家后，一顿审查性的工作就开始了："这个同学是谁？他的成绩怎么样？你平时和他交往多吗……"问得吴桐终于崩溃了："要不要我把他往上祖宗三代的背景都给你查清楚啊？你为什么要控制我和同学正常的交往？他是成绩不好，但是他也一直在努力，我为什么就不能和他交往了？"说完，吴桐的眼泪啪嗒啪嗒地流了下来。

正在这时，爸爸下班回来了，弄清楚情况后，他赶紧把吴桐拉到房间，帮孩子擦干眼泪，轻轻地对她说："今天的事情是妈妈做得不对，但是你也误会她了，她不是想控制你，她是想帮助你。"吴桐更疑惑了："这怎么是帮助我呢？""她是怕你学习分心嘛，她总觉得要是成绩不好的同学跟你交往，难免平时会问你作业什么的，这样不是很耽误你的时间吗？或者她害怕这些同学比较贪玩，会时不时地拽着你一起去玩。你看之前妈妈对你一直都没有这样吧。"吴桐听完爸爸的话，觉得好像是这样的，心里也就没那么郁闷了。"只是妈妈的方式不对，不能弄得就像天天监控你一样。你也要体谅妈妈，跟她解释清楚就好了。"爸爸也赶紧趁机让女儿释怀。后来妈妈也向吴桐道了歉，家里的气氛缓和了很多。

好妈妈分析

不可否认，吴桐妈妈确实对女儿是一片关心，但是她的处理方式让吴桐觉得妈妈老想控制自己而难以接受。很多家长可能也遇到了上面类似的情况，比如，总希望自己的孩子和成绩好的孩子交朋友、对孩子和异性接触变得非常敏感，等等，虽然从父母的角度来说是真正地为了帮助孩子，但是通常会由于言行不当而被孩子误认为是父母想"控制"自己。如果出现这种情况，父母应反思一下自己的言行，改变一下方式，让孩子知道父母的出发点是帮助自己，而不是控制自己。

随着孩子慢慢长大，他们遇到的事情越来越复杂，需要自己处理问题的时候越来越多，在这个时候，他们是需要父母帮助的。但是孩子需要的帮助不是父母的教训和指责，更不是颐指气使，而是父母心平气和的建议和指导。如果父母在此时表现得过于强势，必然会引起孩子的戒心，让他们误认为父母只是想通过这样控制自己而已。这种帮助不仅对孩子没有用，反而会引起孩子的反感和抵抗。

好爸妈支招

每一个父母都想无微不至地关心孩子，尽自己所能去帮助孩子，但是往往因为方式不对而达不到理想的效果，那么父母怎么做才比较好呢？

1．父母要多听少说

父母在倾听孩子说话时要肯花时间、有耐性，做个有修养的听众，用心走进孩子的世界，积极发现孩子真正的顾虑和想法，切忌不分青红皂白就指责孩子，这样再好的意见也不会被孩子接受，还会使他们将父母的善意理解为企图控制自己，而且孩子越大，是非观越强，很多道理点到即止，大部分的道理孩子都能觉悟到。

2．父母要从孩子的角度来考虑事情并给出建议

父母经常给孩子的建议都是从父母的角度出发的，比如，想让孩子和成绩好的同学交朋友，但是从孩子的角度来说，他们交朋友可能考虑更多的是性格、为人等，所以这个时候，父母不妨问问孩子能从这个同学身上学到什么益处，也许真有父母发现不了的优点呢。所以，站在孩子的角度给孩子提建议，才会让孩子觉得父母是想帮助自己，而不是控制自己。

总之，在父母处理孩子问题的时候，要讲究说话做事的方法，不要激起孩子的反抗，否则，就很难达到教育孩子的目的。

接纳孩子的不优秀，给他们无偿的爱

家教现场

鲁彬上小学的时候并不是优秀的学生，因为他数学从来没超过80分，性格也比较调皮，他自己也很不喜欢数学，很怕数学。

小学四年级时，这种糟糕的状况达到了顶点。记得一次考试，全班都交了卷，就鲁彬一个人没做完。老师照顾他，让他一个人在教室里做，做完了交到办公室去。鲁彬就一个人留在教室里，也不知做了多久，班上几个和他同路的同学等得不耐烦了，就扒着门催他，七嘴八舌地告诉他答案，但他不知道答案是怎么得出来的，写不出步骤，心里又急又恨，羞愧得不得了。后来胡乱做完，便交了卷，最后错了很多，不及格。

当鲁彬拿着这张没有及格的数学试卷回到家里的时候，爸爸并没有像鲁彬想象的那样来一顿狂风暴雨，而是温和地说："每个孩子都有自己的弱项，我们不能要求你每项都达到优秀，但是爸爸愿意帮助你，因为爸爸希望通过努力慢慢地让你向优秀的方向发展。"于是，每天晚上爸爸都会和鲁彬一起学习，帮鲁彬复习好当天的课程。虽然鲁彬后来的考试并没有很明显的进步，但是爸爸从来没有责骂过他，而是依然默默地坚持给他辅导。

渐渐地，鲁彬上了初中，换了新环境和新老师，爸爸突然发现鲁彬的数学成绩进步非常快。原来鲁彬的这个新数学老师特别受同学们欢迎，班上的同学都爱上了数学课。加上鲁彬在爸爸的帮助下数学基础打得还算可以，所以数学成绩进步得非常快。后来鲁彬代表学校参加省区数学竞赛，还获得了二等奖。

好妈妈分析

鲁彬是怎么一步步从不优秀走到了优秀，这里面离不开爸爸的用心培养，当鲁彬的数学成绩差到连他自己都想破罐子破摔的时候，爸爸并没有因此而责骂他，而是接纳了孩子的不优秀，给了孩子更多的耐心和关怀，鲁彬父亲的教育理念的确值得每一位家长去学习。

没有完美的成人，更没有完美的孩子。所谓成长，就是完善自己的不完美之处。如果父母不能接纳孩子的不完美，就是不接纳孩子的成长。相反，父母要无条件地接纳孩子，就是无论孩子是什么样子，不管孩子身上有多少优点和缺点，父母都接受孩子，并给予他们无限的爱。孩子不是"十项

全能"，每个孩子生来都带着自己的"特质"，每个孩子都是独一无二的天使！

然而实际情况是，父母往往只接纳孩子表现好的一方面，或者说，只接纳孩子满足父母要求的那一面。父母总认为，孩子的不完美之处，正是自己的操心之处，也就是自己该对孩子进行深刻教育的地方。因此，只要发现孩子不完美，就开始对孩子唠唠叨叨，拿起大剪子，对孩子修修剪剪。父母的这种不接纳行为，必然会带着挑剔的眼光，必然会滋生埋怨的情绪，也必然会出现否定的态度，长此以往，这种不接纳就造成了很多父母的情绪焦虑和不断的烦恼。

 好爸妈支招

当父母发现孩子的表现和自己的期望有差距的时候，要将自己要求完美的锋芒收起来，接纳孩子的不优秀，给予孩子更多的关爱。

1. 父母要无条件地接纳孩子

不管是孩子学习成绩差，还是没有过人的特长，父母都要无条件地接受孩子，通过对孩子的关爱和关注，也许就会发现孩子优秀的地方。

2. 父母在家庭教育方面必须遵循规律

有些父母恨不得孩子在小学就学完初中的课程，好让孩子任何时候都领先一步。实际上父母的这种做法是不对的，每个孩子的智力开发进度是不一样的，父母不要拔苗助长，不能因为孩子开始入学的时候成绩不好就全盘否定孩子，在孩子打基础的时候，父母不能接纳孩子的不优秀，孩子往往会越来越差；相反，父母要依照孩子的兴趣，不断鼓励孩子，用发展的眼光看待孩子，这样，孩子就能越变越优秀。

总之，不是每个孩子都那么优秀，但是每个孩子都是"独一无二"的，父母要用自己宽阔的胸襟去接纳孩子的不优秀，给予孩子无偿的爱，让孩子在父母的爱中茁壮地成长。

真诚地向孩子请教他们的强项

家教现场

蕾蕾这个周末的数学作业要在幻灯片讲义上做。老师要求每个学生把PPT拷回家，然后让家长打印出来，孩子就直接在上面做练习。可是蕾蕾妈妈不知道可以直接在PPT上选择讲义格式打印，所以，每次都是把幻灯片复制到空白文档中排版后再打印，有时格式设置不同，还要调整半天。这次她又弄了半天，还没弄好，也烦了。

正好蕾蕾走过来，看见妈妈愁眉苦脸的样子，就凑过来看看怎么了。当她看到妈妈正为打印发愁时就乐了，说："妈妈，您真笨啊！不用复制到文档的，您可以直接在PPT上打印。"当时妈妈还强词夺理说："你不明白，把幻灯片一张张打下来不是太浪费纸了吗，我是要把几张幻灯片放在一页上打印出来。"女儿听完笑了："我知道您的意思，妈妈！就是打成原来您给我打的样子对吗？"妈妈点了点头，又接着复制、调整、设置，没再理会女儿。这时女儿抢过鼠标说："我来教您吧，不用像您这么麻烦的。我以为您原来都会呢。"接着，蕾蕾麻利地边告诉妈妈怎么做边操作着，很快便按要求打印出来了。女儿拿着打印出来的一页纸调皮地说："老妈，我们要的不就是这个样子的吗？"妈妈连连点着头说："是呀，还是我女儿聪明。我咋不知道这种方法呢？"女儿开心地说："小意思啦，其实我早就会了。您为什么不问我呢，害得自己在这折腾半天。心情还不好。好了，现在您自己再试一试吧。"听着女儿的"教训"，妈妈真的有些不好意思了。

是呀，父母不会的，其实也可以请教孩子，"三人行必有我师"，更何况现在的孩子接受的新知识、新资讯并不比父母少，当初在学Photoshop的使用时也得到过女儿的帮助呀。父母总对孩子说：不要不懂装懂，一定要学会

问。现在轮到自己了，怎么又做不到了呢？从那以后，蕾蕾妈妈一有关于电脑方面的问题就请教女儿，现在已经学会了很多东西。

那天下午，蕾蕾妈妈的同学特意过来问孩子数学作业的事。她的儿子和蕾蕾在一个学校，这次就被这项作业折腾苦了，半天也弄不好，家长生气，孩子着急，蕾蕾妈妈直接给他们打印了一份出来，并教她如何简单打印，这时，她儿子生气地说："我都和我爸说了，可以直接在PPT里设置打印，他非不信，还说在PPT里打印浪费纸呢！"蕾蕾妈妈一听就乐了，告诉他说："宝贝，回去告诉你爸，就说阿姨讲的，当父母的也一样，不会的时候就要虚心学习、请教，阿姨也是向女儿学的呢，不丢人。总比不会强呀，是不是？"孩子一听，很赞同地点点头说："就是嘛！"看着孩子那股认真劲儿，两个妈妈都乐了。

好妈妈分析

很多父母总觉得自己的知识比孩子丰富，经历也比孩子多，自己在面临难题时不屑或者不好意思请教孩子。其实不然，就像案例中蕾蕾的妈妈，她发现，现在的孩子在有些方面的接受能力和接受的知识比父母要强得多，如果父母能放下面子和偏见，真诚地向孩子请教，不仅能解决难题，还能让孩子变得更自信。

在生活中，大多数父母经常会以一副高高在上的成人心态教育孩子，总觉得孩子的知识永远不如自己，每当遇到问题时，很少会想到请教一下孩子。其实，父母真诚地向孩子请教，能给孩子带来很多的好处。首先能增强孩子的自信心，在孩子的成长过程中，父母始终处于引导地位，在孩子心目中；父母是万能的，似乎没有什么能难倒父母，如果在必要的时候，孩子帮父母解决了一个难题，孩子一下子就会信心倍增。其次，能增强孩子的责任感，如果孩子把连大人都解决不了的问题给解决了，孩子自然就会有成就感，于是，孩子会一点点成熟起来，不再是父母眼中的小不点儿了，什么事情他都会愿意与家长分享和分担。

 好爸妈支招

父母不是万能的，相反，父母在日常生活中也会碰到各种难题，那么父母如何做才会达到最好的效果呢？

1. 父母要放下面子，以谦虚的态度向孩子请教

父母经常教育孩子要不耻下问，其实这时是父母为孩子做榜样的最好时候。当父母向孩子"求救"时，孩子心里一定会想：这些问题连爸爸妈妈都不会，我一定要好好表现，帮爸爸妈妈解决这些问题。这样，孩子就会得到一股无形的鼓励，从而会表现得更加出色。当然，这个时候父母切忌以命令或不屑的语气对孩子说话。

2. 父母可以和孩子一起寻找解决问题的办法

有些问题可能孩子不能马上正确地解决，但是父母不要着急，更不要有鄙夷的心态，而是要和孩子一起探讨问题，共同商量出解决问题的办法。在探讨问题的过程中，父母可以向孩子请教，也可以在发现孩子不对的时候给予正确的指导，这样，通过共同努力解决问题，一定会让孩子特别有成就感。

所以，父母真诚地向孩子请教他们的强项，不仅不会让自己丢面子，还能增进孩子的自信心和责任感，以后父母可以多尝试一下。

不拿别人家的孩子来教育自己的孩子

 家教现场

在一次亲子交流会上，听到一个朋友讲了一个故事。

在街上，一个8岁的孩子很想要一个电动汽车，妈妈不给买，孩子就在街

上哭闹。

"你看那个小朋友，他怎么没有见到东西就要呀。"妈妈忍着气，指着旁边一个小朋友对孩子说。

"那是他不喜欢车。"儿子说得很快。

"那是人家听话，不乱花钱，你得向人家学习。"妈妈继续教育孩子。

"你怎么知道他不乱花钱？他不乱花你的钱。"小家伙马上顶了一句！

这回妈妈真发怒了："你再跟我顶一句试试？你就不知道和你盼盼弟弟学学，你看，他啥时候和他妈妈顶过嘴，人家多听话呀！"

"他听话，那你让他当你儿子得了，他妈妈还说他太老实呢，还夸我会说话、会办事呢。"小男孩针锋相对。

妈妈气急了，脸憋得通红，眼睛快冒出火来了，一句话也说不出来。

一位戴眼镜的老奶奶走上前，蹲下来和孩子小声说了几句话，又走到妈妈身边，说："你不要总拿自己的孩子和别人的孩子比，每个孩子都是独一无二的天使，都有自己的优点，也有自己的缺点，每个孩子都好，只不过好的地方不一样，你说是不是？"妈妈无奈地点了点头。

妈妈伸出手，拉住小男孩，急急地走了。

我很好奇，老奶奶用了什么法子，让那个固执而又狡黠的小男孩随妈妈离开了。我去问那个老人，她笑笑，说："这孩子和我是一个小区里的，知道他是个顺毛驴，自尊心还特别强，刚才我就对他说：我知道他是个聪明懂事的孩子，今天是他妈妈的错，他妈妈不应该总拿别人的孩子来教育他，我要批评他妈妈，但他这样在大街上闹，就太不像男子汉了，想买汽车，要自己想办法说服妈妈才行，这孩子就和他妈妈走了，肯定是回家想理由去了。"

✎ 好妈妈分析

很多父母认为，拿优秀的孩子来教育自己的孩子，会给孩子良好的刺激，让孩子能够反思自己，以优秀的孩子为榜样，其实，父母这是想当然，孩子有自尊心，父母拿自己的孩子与别人的孩子进行比较，会让孩子颜面大失，就像案例中的孩子一样，在被妈妈比较之后，心里产生了强烈的反感，而当孩子听到老奶奶的劝说后，反而乖乖地跟着妈妈回家了。

在孩子看来，如果父母拿别的孩子来教育自己的时候，觉得是父母看自己不顺眼，自己在父母心中也不是懂事的孩子，别人家的孩子什么都好，自己哪儿都不好，让父母心烦……这会极大地挫伤孩子的积极性和自尊心，甚至会造成孩子的逆反和对抗。因此，父母常拿自己的孩子和别人家的孩子作比较，无形当中是对孩子的一种否定，长期下去，不利于孩子自尊心的培养，也容易让孩子形成攀比的心理，若家长只是一味地批评指责孩子，甚至会让孩子破罐子破摔、自暴自弃，这是很可怕的事情。

好爸妈支招

当然，有比较才会有进步，但至于怎么比，这是需要技巧的，家长在比较的同时要让孩子看到自己的价值，注意孩子自尊自信的培养，主要把握以下几点。

1. 父母要尊重差异，让孩子和自己比

父母可以把孩子最近的表现和过去做一个比较，如果现在孩子比以前有了进步，一定要对孩子进行肯定和表扬。父母还可以和孩子共同制定一个合理的目标。如果孩子没有达到目标，父母可以帮孩子一起分析原因，有针对性地攻克。当孩子达到某个目标时，对孩子加以肯定，让孩子体验到幸福和快乐，使孩子有勇气去迎接更大的挑战。当孩子获得一个个成功的时候，离优秀也就不远了。

2. 父母要客观公正地进行比较

家长拿自己的孩子和别人的孩子比是完全可以的，如果确实觉得别人家的孩子在某一方面值得自己的孩子学习，最好先对自己的孩子表现好的方面给予表扬和肯定，然后再客观分析别人的孩子表现比较好的方面，之后再建

议自己的孩子如何学习别人的孩子的长处，这样孩子的心里会更容易接受。不要拿别的孩子的优点跟自己孩子的缺点比，要看到自己孩子的优点，别忘了给孩子鼓励和赞扬；也要正视孩子的不足，积极引导，帮助孩子提高。

3. 最重要的一点应当是在比较中别忘了鼓励

父母多一点鼓励的技巧，会让孩子更好地顺着好的方向发展。不管什么时候，父母都不要忘记对孩子进行鼓励，即使孩子在某些方面做得还不够好，也不能让孩子失去奋进的信心。

看了上面的建议，父母应该知道以后千万别随便拿别人的孩子来教育自己家的孩子，要巧妙地比较，才能达到教育孩子的最好效果。

给孩子的书桌加把锁

家教现场

吃午饭时，同事和阳阳妈闲聊打趣，问阳阳妈有没有翻过孩子的抽屉。阳阳妈的同事昨天发现孩子的日记本里出现了一个陌生男孩子的名字，直觉告诉她，那也许是女儿有点莫名好感的对象。她说："女孩子比较早熟，你可得看紧了，赶紧回家翻翻去，早点发现蛛丝马迹，好早点扼杀掉。"

听同事这么一说，阳阳妈的心里还真是猛地一惊。阳阳最近是有点神神秘秘的，吃完晚饭就一个人待在房间里不出来，有时还会把门给锁上，莫非真有什么情况发生？

阳阳妈心里慌慌地熬到晚上，打发女儿去洗澡后，她就猫进了女儿的房间。正当妈妈想打开女儿的小抽屉时，被阳阳爸发现并及时制止了。

爸爸生气地问道："你小的时候，难道希望你的父母以这种方式了解你吗？"妈妈刚想强词夺理地反驳他，心里却"忽"地软了下来，说道："小的时候，家里人多屋小，我曾多么渴望有个只属于自己的抽屉来安放青春年少时的那些小秘密啊。可当我成了一个孩子的母亲后，我却怎么反过来要亲手打破孩子心里的那点小自由？"

第二天傍晚，阳阳爸妈研究了半天，给女儿的抽屉加了一把锁。看着女儿一脸迷惑的表情，妈妈将她拉入怀里，轻声说道："宝贝，你现在已经长大了，所以，妈妈要送你一个抽屉，在这里，你可以安放你所有的小秘密，然后轻轻松松地学习生活。"女儿乐了，给了妈妈一个亲昵的吻，连说妈妈真好。

几天后，女儿送给爸爸妈妈一本自制的相册，每一张相片下面都写了一首小诗，阳阳说这是送给父母的新年礼物，在过去的一年，爸妈辛苦了。妈妈猜，那也许就是女儿前些时候躲在房间里的小秘密。又过了一段时间，妈妈发现，女儿的抽屉经常没有上锁，又或者，钥匙随意地丢在床头。妈妈想，那是不是说明孩子对父母的信任？

给孩子的抽屉上一把锁，让孩子锁住年少时的小心思、小秘密，其实也在无形中锁住了对父母一如既往的信任。也许哪一天，父母就会突然发现，抽屉上的那把锁已经没了，而彼此心里的那把锁也很容易便打开了。

好妈妈分析

很多父母都有过类似的经历，认为孩子是父母生养的，父母就有责任去看护，孩子对父母隐瞒事就是不老实的表现。因而明知有些事情是孩子的秘密，但父母总是以关心为理由，忍不住偷看。可一旦父母的做法被孩子发现，必将引起孩子的反感和抵触，而且会对以后的亲子教育产生负面影响。案例中阳阳的妈妈幸好在父亲的提醒下及时意识到了自己的错误，不仅没有翻看女儿的抽屉，还主动送给女儿带了锁的抽屉。

处在青春期的少男少女，总爱给自己的抽屉上把锁，似乎有什么秘密，其实这是一种正常的心理特征，它体现了一种独立意识和自尊意识，宣告孩子已成长为一个拥有个人行为秘密的成人，不再像童年时期那样，心里有什么话都愿意向父母敞开心扉。这个隐秘世界是孩子自由个性的集中体现，包

括父母在内的其他人都不可随意进入他的内心世界。毫无疑问，保护孩子的隐秘世界是对孩子的尊重，父母也会因此赢得孩子的敬重和爱戴。

教育专家建议，父母应该给孩子独立的空间，不应该打着各种美丽的情感幌子去任意打开孩子的隐私抽屉，这样对孩子的身心健康发展是极为不利的。家长可以从"知心"入手，通过长时间和孩子敞开心扉说话，父母和孩子之间就逐步建立起充分的信任，使孩子主动、自愿地披露心中的隐私并分享成长的秘密。这样，或许孩子的抽屉就不再需要那把有形的锁了。

好爸妈支招

很多父母对孩子不放心，怕孩子有什么不对的想法或行为，于是父母就想方设法企图从孩子的日记里得到答案，这种打探孩子隐私的行为除了会导致孩子的强烈反对、加剧孩子的叛逆反应外，还会导致孩子对父母产生极大的不信任感。那么，作为父母，应该如何面对孩子的隐私呢？

1. 父母应尊重孩子们的隐私权

不要轻易去动孩子抽屉上的锁，因为它是用来珍藏孩子的秘密的。如果强行打开，孩子的心灵大门就会从此对你紧闭。另外，家长万不可采取偷听（孩子之间的电话、谈话）、偷看（孩子的信和日记）、偷察（跟踪孩子）等手段来窥探孩子、监视孩子和干涉孩子。否则，只能使家长和孩子间的距离越拉越远，甚至还会产生难以挽回的后果。

2. 父母应主动以平等的态度与孩子多沟通

父母可以谈自己同龄时的一些所思所想、成功和挫折，甚至谈一些当初的隐私，倾听和征求孩子的意见和建议，使自己成为孩子可以信赖的朋友。一段时间后，孩子会愿意把自己心中的秘密告诉父母，这样才能了解孩子的真正想法，给予孩子必要的指点和教育。

总之，家长不要对孩子的隐私过于感兴趣，正确的做法是尊重孩子的隐私权，根据孩子不同年龄段的生理和心理特征，给孩子一个自由的空间。

第二章

从孩子的话里找出隐藏的含义

积极倾听，了解孩子真实的想法

 **家教现场**

情景一："妈，我跟同学打架了！"上小学的儿子有一天放学回来对妈妈说。如果你是孩子的家长，你的第一反应会是什么？我认识的一位家长，在遇到这种情况时，她的第一反应是指着儿子说："我跟你说过多少次了，不准跟别人打架，你怎么就是不听话呢？嫌给我惹的麻烦不够多是吗？"结果儿子"哇"的一声哭了，后来她才知道，是另一个孩子无故先动手的。这位母亲觉得自己当时太冲动，错怪了孩子，后悔不已。

情景二：娜娜放学从学校回来，很兴奋地给爸爸讲在学校的事："今天手工课可有意思了，亮亮做了一艘特别漂亮的船……""娜娜，自己玩去啊，爸爸忙，没时间陪你玩。"几天后，爸爸问："娜娜，今天在学校有什么好玩的事情吗？""没什么。"娜娜回答，然后转身独自去玩自己的玩具了。

好妈妈分析

孩子在上小学之前就能通过比较完整的语言来表达自己的感受并描述个

人的经历。此时他们的表达欲望越来越强，不管别人愿不愿听、是不是有时间听，总是像个小鸟一样围在你身边眉飞色舞地说个不停。没有耐心的家长便会使出各种花招，试图让孩子去别处玩，不要影响自己。但事实上，在孩子的只言片语中饱含了他们的各种情绪、感受和需求，他们或许只是想引起父母的注意，或许只是想和父母一起分享自己的快乐，甚至或许只是简单地想向父母表达一下自己的想法而已，但是粗心的父母却没有把孩子的话当回事。

在第一个案例中，当孩子在向家长倾诉的时候，如果妈妈能认真听一听，听孩子把话说完，就不会错怪孩子了。孩子的每一个"非正常"表现背后肯定有一个正当理由。他们可能是在宣泄精神或身体创伤所引起的负面情绪，也可能是用"非正常"的方式引起父母的注意，甚至是话中隐藏着委屈。这个时候，父母坐下来倾听孩子的心声，则是对孩子最好的关注和支持。特别是对青春期内心动荡不安的孩子来说，父母不带价值判断的倾听，更是让孩子表达沟通意愿、建立亲子之间信任关系的重要基础。

而第二个案例中孩子的想法更简单，其实就是想和父母一起分享自己的快乐心情，但是父母的拒绝可能永远关闭了孩子和你一起分享的这扇大门。

好爸妈支招

1. 父母营造一个安全、轻松的谈话氛围

对有思想的孩子来说，父母不带评价的倾听做法，会给孩子营造一个安全、轻松的谈话氛围，让孩子愿意敞开心扉。例如，如果孩子告诉你："我不想上学了。"带价值判断的反应就是："你怎么这么不知道上进！""你真是一个不适合读书的孩子。"听到父母这么说，孩子觉得自己受到了批评，与父母沟通的意愿就会大打折扣。如果换个方式："你是想告诉我，你不想再去学校了吗？"然后再问他："一定有什么事情发生，你能告诉我吗？"让孩子继续把他的心里话告诉你。第一个案例中，如果妈妈耐

心地多问一句："为什么会和小朋友打架呢，是因为他欺负你了吗？"这时候孩子可能就会把事情的经过告诉你，也就不会出现上面的误会了。

在孩子的世界里，每天总会有那么多好玩、有趣的事情发生，他们想和最亲近的人分享。如果家长打断孩子的谈话，孩子渐渐就会失去与家长聊天的兴趣。在案例二中，如果你当时很忙，可以说："是吗？那真是太有意思了！不过，我现在有一个重要的工作要做，要不你自己先玩一个小时，一个小时后你再给我讲，好吗？"这样既可以让自己继续安心地工作，也不会伤害孩子，更不会关上孩子与自己沟通的那扇大门。

2. 在生活中，父母要主动倾听孩子的心声，了解孩子的真实想法

只有家长蹲下身子，多与孩子接触、沟通，了解孩子内心所需，并换位思考，才能真正从有利于孩子成长成才的角度出发，建立良好的亲子关系，让孩子接受父母的爱，也更加爱父母。即使孩子目前表现出不愿意沟通的状态，父母也要及时让孩子知道，我们会永远在一旁等待，直到你有一天愿意开口沟通为止。

当孩子没说完的时候，不要很快地下决定；当孩子想说的时候，一定要认真地听他们说。倾听，对孩子的成长非常重要。

从孩子的话里找出隐藏的担心、烦恼、失望或者伤心

家教现场

我们前几天刚搬完家，搬到离孩子爸爸的单位不远的地方。有一天，二年级的女儿在妈妈的旁边悄悄问："我们还会不会搬家？爸爸上班的地方还会换吗？"妈妈听到孩子的问题自然有些奇怪，因为一个孩子很少会问这种与他们生活相距甚远的问题。妈妈便用心向孩子解释了一番，可是孩子好像并不是太满意，她又跑去问爸爸。爸爸的回答是："我们不搬家了呀，爸爸上班

这么近，不会再换了。"奇怪的是，这个回答却使孩子平静了下来。这时，做母亲的才恍然大悟，女儿询问的并不是搬家的事，而是怕失去爸爸，因为就在最近，她有个同学的爸爸因车祸丧生，孩子由此联想到爸爸每天上班都要骑自行车，她害怕因为搬家而导致爸爸上班太远而有不安全的事情发生。妈妈庆幸自己早早地就发现了，要不然，女儿可能会一直将这种担心放在心里而影响学习。

好妈妈分析

孩子们从小都离不开父母，渴望得到父母的保护，渴望永远生活在这个既温暖又有安全感的保护圈中。他们能从父母的言行举止中，体味出自己的位置、分量和父母对他们关心的程度。当他们感到不高兴的时候，有时并不一定直言不讳地喊叫出来，而是用极巧妙的方式表达出来，让父母去心领神会。如果做父母的不理解或者不耐烦地说："你问这么多干吗？"这就会让他们认为，大人应该知道这一切，而不用自己再直接地说出来，时间久了，就会引起父母与孩子之间的沟通障碍，孩子话中隐藏的烦恼和伤心等情绪家长可能不能及时觉察出来，有时候可能还会引起严重的后果。

很多做父母的，只是觉得孩子心地单纯，有什么要求绝不会隐瞒。他们的好恶都能通过既简单又朴实的话语表达出来。但是有时候孩子会担心自己这么问父母会不会觉得自己很傻或者父母肯定知道自己的想法，如果父母没有及时理解这弦外之音，就会和孩子的隔阂越来越多。当然，不同性格的孩子提问题的方式也会不一样。无论男孩或女孩，性格内向还是活泼顽皮，都有自己独特的提问方式。比如，当我们听到孩子突然自己冒出"怎么对门的阿姨从来不大声说话"这句话时，我们就要反思自己是不是平时说话声音太大或者太严厉了，以至孩子特别希望自己的妈妈也能很温柔地对自己说话。

好爸妈支招

许多父母有时候总是在那里自以为是地评价，孩子的话也总是被打断，使孩子根本无法完整地表达一件事。可是他们忽略了一件事，父母的评价总是站在一个成人的立场上，有些评价对孩子来说也许不太适合。在家庭教育中，要善听孩子的弦外之音，才能明白孩子的真实想法。

孩子的内心世界是单纯而明亮的，同时也有着令大人不易察觉的色彩和线条。因为成人观察事物更多的是出自经验和概念，而孩子那种不受条条框框左右的联想和充满跳跃性的、拐弯抹角的说话方式，有时候却使父母不知所措。在这个时候，便需要家长有更多的耐心，在回答孩子的提问时想一想以下几个问题：

- 他是想问什么呢？
- 他想告诉我什么别的意思吗？
- 我的这个回答他满意吗？

我曾听到过这样一句话，"教育就是不断消除误解的过程"。倾听孩子的弦外之音，可以增进沟通和促进理解。一个孩子心中有一个自己的世界，父母都应该学会倾听，倾听他们的话语，倾听他们的心声，倾听他们对世界的理解和对未来的梦想。

这个案例中的妈妈是细心的，她在第一时间知道了女儿心中的担忧并及时排除了，让孩子能安心地学习。因此，作为一个称职的父母，应学会倾听、乐于倾听，并善于倾听孩子的弦外之音，这样才能真正学会从孩子的倾诉中真切地感受并把握孩子的喜怒哀乐，从而真正了解孩子在想些什么、有什么要求、希望得到什么；才能真正领会孩子的思想意图，一起分享孩子的快乐，真诚地为孩子的点滴进步而高兴，为孩子取得的成功而喝彩；才能有效地用父母的体贴去化解孩子的烦恼，营造出充满爱意的温馨家庭环境，也才能赢得孩子的真诚。

尊重孩子，把孩子当成独立的个体来看待

家教现场

晨宇今年14岁了。他非常喜欢王力宏，一有空就听王力宏的歌，什么《改变自己》《我们的爱》，王力宏的歌一天都在家里回荡，晨宇嘴里整天哼哼叽叽的也是王力宏的歌曲，卧室里贴的都是王力宏的图画，但晨宇爸爸很看不惯，说："王力宏的歌有什么好听的，哼哼唧唧晃来晃去的，你还崇拜得五体投地。"晨宇听了这话摔门就走。爸爸生气了，把王力宏的歌碟全扔了。晨宇一气之下离家出走，在同学那里借宿，一直不愿回家，妈妈费了很多周折才把晨宇领回家。

好妈妈分析

家长都知道，人与人之间的礼貌和尊重很重要。但是许多父母认为孩子年龄小、不懂事、不需要自己的空间，往往单凭个人意愿对待孩子。一般孩子有了过失，做父母的不管场合，就会责骂几句。但是他们却忽略了孩子正处在自我观念的可塑阶段，在这个阶段，父母和身边人的评价对孩子的成长相当重要。要是做父母的经常说他是傻瓜，他就会慢慢觉得自己是个傻瓜。这样，时间一久，孩子的自信心、积极性就会受到打击。在以后的生活和学习中，为避免被人嘲笑，他将不再主动做事，也不愿参加任何竞争和比赛，甚至见了人都不愿意打招呼，慢慢地就只生活在自己的世界里。

本案例中的爸爸无疑仅从自己的角度来看待孩子的兴趣，觉得孩子的喜好太幼稚，殊不知，每个孩子都有自己的想法，他们希望父母尊重自己的意见。如果父母总以家长的权威压制孩子，孩子就会觉得非常沮丧，从而变得不爱说话。要教育孩子，首先要尊重孩子。孩子最初的受人尊重的感觉是从父母那里得到的，尊重别人的意识也是在日常生活中经过多次的训练、教育，不断地强化而逐渐建立起来的。

现在有些年轻父母由于自身受过良好的教育，对孩子的成长需求认识得比较到位，在日常生活中一般还是能做到尊重孩子。但也有相当一部分家长，虽说也知道一些尊重孩子的道理，但在实际生活中却做不到。在他们的观念里，孩子是自己的私有财产，子女必须一切听从大人的安排。这样的父母往往把孩子置于完全依附家长的位置，没有把他们当成一个独立的个体来对待。一旦孩子的行为与他们的意志不一致，或达不到他们的期望与要求，就会责骂。对不少家长而言，学会尊重孩子并不是一件容易的事，因为它不是一朝一夕就能学成的，而是应建立在正确的认识基础上，需要花费心思、功夫，是真正发自内心的自觉行为。

好爸妈支招

《德国妈妈这样教自律》这本书中有一段话："孩子不是父母的附属品，更不是父母未完成梦想的接力者。想要教育好孩子，首先应该把孩子当成一个独立的个体、一个完整的人来看待。"在这方面，华人家长做得一般都不太好，而德国家长最值得我们学习的是，他们努力将孩子培养成一个"完整"的人，帮助孩子健康独立地成长，而不是只让孩子考高分。许多经验告诉父母，只有具有高度的自尊心，孩子才会自强不息，才会有所成就。因此，在生活当中，应时时刻刻把孩子当作一个独立的个体，尊重孩子的人格，认真对待孩子，用心去感受孩子。

许多父母也想尊重孩子，但往往不知道怎么做合适，那么，以下有几个方法你不妨试试看。

1. 家长要尊重孩子的每一个想法和意愿，给孩子一个自主决定的机会，家长可以适度地引导

尊重孩子的权利就是要征得孩子的同意，让孩子有选择的机会并且在尊

重孩子的基础上进行引导，这也是每一个民主的家庭中父母应该为孩子负起的一个责任。

2. 父母在做有关孩子的每一个决定之前，不妨先听听孩子有关这个问题的想法，也许他的想法会对父母的判断有帮助

现在的父母都希望自己的孩子多才多艺，成为一个优秀的孩子。那么在让孩子学习某种艺术之前，一定要仔细观察，与孩子商量好之后，再选择一种比较适合孩子性格及兴趣的艺术。千万不要让他一下子接触太多，或强迫他学习不感兴趣的东西，从而破坏了他学习的兴趣和欲望。

当然，尊重孩子并不是一味地顺从孩子。作为家长，要放下架子，把自己放在与孩子平等的位置上，把孩子当成一个小大人，努力寻求与孩子心理上的沟通与默契。爱孩子、尊重孩子，使他们从中感受到父母的爱和自身的价值，并由此学会尊重父母、尊重他人，这就是特别有效的教子良方。

孩子有了情绪，允许他们宣泄出来

家教现场

情景一：奇奇感冒还没好，要吃冰淇淋，妈妈不同意。奇奇生气地挥着小拳头打妈妈，边打还边嚷嚷："干吗不让我吃，打死你，我就要吃。"

情景二：欢欢是个内向的小姑娘，她不喜欢和别的小朋友玩，不善于表达，一遇上不高兴的事，就狠狠地咬自己的手。小手上留下了一个个的小牙印，让妈妈心疼极了。

好妈妈分析

情景一中的奇奇用打人的方式来发泄自己因得不到冰淇淋而产生的不满，情景二中的欢欢则是用伤害自己的方式来宣泄自己的情绪。这两种宣泄方式都是不良宣泄。除了攻击他人和伤害自己外，哭闹、撒泼也是不良宣泄的表现。

性格暴躁的父母看到孩子在做不良宣泄时，就忍不住暴跳如雷，简单干脆地用粗鲁的方式直接压服，遏制孩子的发泄。这种方式表面上看虽然效果显著，可实际上，孩子是出于害怕才停止宣泄，原先的不良情绪不仅没有得到缓解，反而又多了被粗暴压制的痛苦，可谓雪上加霜，极易出现情绪问题。长期这样下去，孩子内心积压的情绪问题会越来越多，性格也会慢慢变得抑郁沮丧，或是如同不断充气的气球，终有一天要爆炸，到时候就会令家长后悔莫及。

孩子的不良发泄一般是因为提出的要求未得到满足，并且一些父母出于对孩子的疼爱想赶紧"息事宁人"，见到孩子哭闹或撒泼就马上无条件"投降"，满足他的所有要求。这么做的后果往往会使孩子误解，他们会以为不良发泄是迫使大人就范的"杀手锏"，于是每每有不被允许的要求，就使出来，这样，家长的原则底线就彻底消失了。

以上两种错误的做法对孩子的身心发展都是不利的，前者易使孩子出现心理问题，一旦爆发，后果不堪设想；后者则让孩子无法无天，霸道而不服管教。其结果都会导致将来对社会适应不良，因此都是不可取的。孩子成长的每一步都是在父母的引导下进行的，情绪的宣泄方式也不例外。如果我们发现孩子有不良的宣泄，不要单纯地想着如何制止它，而要想着如何改变它，如何教会孩子正确地宣泄不良情绪。

好爸妈支招

我们做家长的，天天都处在孩子的情绪变化中，似乎也习惯了这种情绪的改变。对于他们的情绪，有的我们本能地就知道怎么应对，但对于那些突然爆发的似乎毫无由头的冲动、暴力、暴躁情绪，我们心里也会觉得很无奈，不知该怎么办。面对这种情况，有的家长是以暴制暴，有的是任其

发展。如果不让孩子正常地宣泄自己的不良情绪，不仅会导致生理、心理疾病，而且，在生理、心理疾病都治好后，还会出现交往障碍：在交往中，有些孩子既不会表达喜悦，也不会表达愤怒，像个木头人。这种人长大后，物质生活、文凭学业也许不缺，但缺的是作为正常人的喜怒哀乐，情商会低于其他人。

作为父母，要始终以关怀和慈爱的心情来面对孩子的不良宣泄，并始终保持冷静、理智的头脑，和孩子一起寻找解决问题的良策。当孩子宣泄不良情绪时，你可以按照以下步骤试一下。

1. 拥抱抚慰

家长要使自己的心境平和下来，温柔地制止他的不良宣泄行为，然后轻轻地拥抱他、抚摸他的身体，耐心询问他到底想要做什么，引导他说出自己的不满，疏导他的情绪，并告诉他，你知道他的感受，你爱他，等等。如果孩子感受到你的安抚，获得了安全感，他自己也会慢慢平静下来。切记不可用大声训斥或惊慌失措的打骂来刺激孩子，激化他的情绪。如果是在人多的地方，要先把孩子抱离到一个安静的、可以独处的地方安抚，要不然，孩子可能会更加激烈地反抗。

2. 对症下药

耐心倾听，让孩子说出自己的想法后，根据具体情况进行处理。情绪的产生都是有因可循的，孩子的生活经验比较简单，引起不良宣泄的原因也不外乎那么几种。在了解孩子不良宣泄的原因之后，有针对性地调控孩子的心态，才能收到好的效果。

一般来说，孩子产生不良宣泄的原因有以下几种：

（1）为达目的：当愿望或要求得不到满足时，想通过极端的手段来达到目的。如果孩子是因不合理的要求被拒绝而发脾气，你可以温柔地指出他所提要求的不合理性，巧妙地转移孩子的注意力，然后通过语言或外界事物，让孩子从糟糕的情绪中解脱出来。

（2）摆脱压力：当孩子被责骂、受到挫折时，通过不良宣泄来摆脱压力、安抚自己。如果孩子因为做不好某事而发脾气，这时候家长要轻声告诉他不要着急，然后给他再示范一次，再让他自己做一次，在他成功后要给予适当的夸奖，重新建立他的信心。

（3）消极感受：当孩子有消极感受如恐惧、愤怒时，因语言表达能力有限而只能借助不当方式来宣泄。如果孩子是因对同伙的不满而发怒，你可以重复一遍孩子的话语，帮助他理清思路，弄清楚他想怎么做，然后明确告诉他你的想法，用建议或提出问题的方法引导他找出正确的解决方法。如果孩子因为恐惧而采取不当的宣泄方式，抱紧他，陪他待上一会儿，想办法消除他的恐惧感。这样孩子会有一种被充分理解的感觉，让他觉得自己被理解、被重视、被尊敬。

3. 合理宣泄

如果在你做出各种努力后，孩子还是不能停止，依然保持着激动的情绪，那么，就找一个安全的宣泄方式，让他尽情宣泄吧。比如，待在孩子的身边，让他哭个够；或用笔在上面乱涂乱画；或是给孩子一个枕头，让他捶打，或拿一张白纸，让孩子撕扯。待孩子宣泄完后，平静下来，再跟他好好谈谈。

不管对孩子造成困扰的是不是你，作为父母，一定要用肢体语言对孩子提供这样的保证："我会站在你这一边。我相信你能走出来，重新变成快乐的精灵。"孩子的心里没有了负面的心理能量"作怪"，自然就会成为乐观上进的好孩子了。

不摆架子，不拿家长的权威吓唬孩子

家教现场

茜茜上小学三年级。一天，茜茜放学后，将作文本放在书桌上便出去玩

了。妈妈下班后没事，看见茜茜的作文本，便拿起来随便看看。一篇题目为《妈妈讲迷信的故事》的作文把她吸引住了，不看还好，看后，她顿时气就不打一处来。原来，茜茜在作文中写她讲迷信。文章后面还有老师的评语，是表扬茜茜实事求是、勇于和社会陋习做斗争的批语。作文得了97分，茜茜妈火冒三丈，但她没有立刻发作，打算等茜茜回家后，好好教训她一顿出出气。

不一会，茜茜回家了。她一看妈妈坐在凳子上，作文本也翻开了，知道妈妈看了自己的作文，便高兴地说："妈，你看我作文了吧。我在作文里揭发你了。"妈妈装作没看作文的样子，问："你揭发我什么？"茜茜指着窗外说："有一次我淘气了，你说雷公公专打坏孩子。老师上课的时候说，雷是云层放电时发出的响声，人即使触雷，也不是雷公公专打他。你这就是讲迷信骗我！"茜茜的一番话让妈妈突然明白，孩子不再是三岁的丫头了，她长大了，教育孩子的方法也要换换了。

随后，妈妈给茜茜道歉，还表扬她聪明，并表示以后再也不讲迷信了。茜茜听了十分开心，不久又写了一篇作文，题目是《我的好妈妈》，其中写道："通过我的努力，妈妈不再有迷信思想，还给我道歉，我的妈妈是世界上最好的、最可信赖的妈妈……"

好妈妈分析

哪个家长不希望自己在孩子的心目中树立绝对的威信呢？因此家长都错误地认为一定要摆出一副尊严的架子，板着面孔，动辄训斥孩子，这样才能使孩子服贴，其结果只会使孩子养成两面派作风，成为说谎、不敢讲真话的孩子。如果茜茜的妈妈当时为了保全自己的面子，摆出家长的架子对茜茜进行一顿批评甚至打骂的话，肯定就没有后面的结果了，可能永远也没法成为最可信赖的妈妈，这位妈妈后来的做法很值得家长们学习。妈妈看到女儿的作文后虽然很气愤，但见到女儿后并没有立即对她大发脾气，而是认真听她说完，并反思自己。其实，本来妈妈编故事吓唬孩子是不对的，让孩子给识破了，但她又利用这件事给孩子道歉，还夸奖孩子，不但让孩子增强了自信，学到了知识，而且树立了自己在孩子心中的威信，显然，以后教育孩子就更有效果了。

很多家长总认为，平时孩子不听自己的话是因为自己在孩子面前没有威信，要想有威信，就得对孩子严厉，不要多给他笑脸，让他怕你。可事实真的如此吗？家长脸上没有笑容就是有威信吗？在孩子面前树立威信，不是想树立就可以树立的，不是急于求成的事。它是父母运用恰当的教育方法，建立在与子女彼此尊重和信任的基础之上，是不知不觉、自然而然产生的。

好爸妈支招

父母的威信是父母与孩子之间达成的一种默契，不是简单的严肃面孔和训斥，那么，作为家长，我们怎样才能达成这种默契，在孩子心中树立自己的威信呢？

1. 言传身教很重要

古语说得好："其身正，不令而行；其身不正，虽令而从。"因此，父母应当首先以身作则，在要求孩子的同时，自己要做到这些要求，身体力行。父母应让自己的言行渗透到孩子生活的方方面面，在点滴的日常生活中潜移默化地影响孩子，而不是简单地说教与批评。做孩子的榜样，让他觉得父母就是最优秀的。这是树立威信的关键。

2. 注意言必行，行必果

父母对孩子应坦诚相待，言而有信，表里如一。切忌出尔反尔，答应孩子的事情总是做不到，或无果而终。更不可当面一套、背后一套，说一套、做一套。当父母经常失信于孩子时，孩子就不可能再去信父母了。

3. 要严、慈并重

这是父母树立威信的重要手段。父母对孩子思想品德的教育、生活习

惯的培养等各方面都应严格要求，使孩子努力做好。当对孩子进行批评教育时，应当晓之以理，动之以情，让孩子心服口服，从而做到信服。但同时还要以一颗宽容的心对待孩子，不苛求孩子做那些做不到、不愿做的事。

4. 父母意见要一致

很多时候，孩子在父亲面前挨批评了，就去母亲面前撒娇发泄，这时候母亲也要摆明自己的态度，不能成为孩子躲避批评的保护伞。教育孩子切忌双重标准、双重态度。否则，不仅会滋长孩子的侥幸心理，使孩子变成"两面派"，还会使父母的威信在孩子面前荡然无存。

5. 用心爱孩子，并让孩子用心体会这份爱

爱孩子是天下父母的天职，但只知道爱孩子是远远不够的，父母还应让孩子了解、懂得父母对他们的爱。让孩子心怀感恩之情，在心中铭记"父母都是为了我们好"，让孩子心存敬畏之心，但绝无憎恨之意。

总而言之，父母威信的建立在于实施正确的教育方法，而父母在孩子心中具有崇高的威信也有利于正确教育方法的实施，这样的良性循环会使孩子形成优秀的个性心理品质，在以后面对更大的挫折和困难时才能游刃有余。

针对孩子的感受做出反应

📝 家教现场

宇桐，8岁，有一天怒气冲天地回到家里，他的班级本来打算去野餐，但是下雨了。以前爸爸看到他在家里发怒也经常很生气："天气不好，又不是我让它下雨的，你生气有什么用呢。以后又不是没有机会去玩了。你为什么要在家里发火？"每次说完这话，宇桐就更生气了，冲谁都嚷嚷，弄得全家一天都不得安宁。但是这一次，爸爸决定用一种新的方法。

爸爸心里想：我的儿子对错过了野餐反应很强烈，他很失望，他用怒

气向我表达他的这种失望，我可以帮助他的，只要对他的感受表示理解和尊重。于是他对宇桐说："唉，下雨了，让你很失望吧，真是的，运气真不好，好不容易准备出去玩一次，却下雨了。"

宇桐："是啊，我好失望啊。"

父亲："你看你都准备好了，却下雨，真是浪费了你的感情啊。"

宇桐："就是，我几天前就开始想着这件事了。"

这时，出现了短暂的沉默，然后宇桐说："唉，不过，等以后有机会再出去玩吧。"他的怒气看起来消失了，在下午余下的时间里，他都很友好听话。要是在以前，只要宇桐生气地回家，一家人都会心烦，迟早他会激怒家中的每个成员，直到深夜，他终于睡着了，家里才能重回宁静。

好妈妈分析

上面这一幕估计在很多家庭都出现过，但是每个家长的不同反应却会产生不同的结果。宇桐爸爸以前的反应无疑是让孩子糟糕的心情雪上加霜，因为他没有用心去体会孩子的感受，庆幸的是，他及时意识到了这个问题，一点点小的转变就能改变孩子甚至是全家人一天的心情。

如果你是宇桐的爸爸，你是会把注意力放在孩子抱怨的行为上，还是把注意力放在孩子抱怨背后的感受上呢？答案就在大家的心里。还好，宇桐的父亲给我们做出了榜样，他充分表达了对孩子的理解，他尊重了孩子的情感，使孩子得以顺利宣泄，这样，非常有助于孩子身心健康发展。

在我们的日常生活中，当孩子遇到困难或者不如意时，他们通常会生气，因为他们还不会控制自己的情绪，所以会迁怒于身边的人，结果是激怒了父母，然后父母又反过来责怪孩子，通过这样一个恶性循环，破坏了亲子关系，可问题还是没有得到解决。如果家长懂得倾听孩子的愤怒，理解孩子的失望，对孩子的感受做出反应，那么会对孩子有很大的帮助。

好爸妈支招

作为家长可以想想，当孩子成绩不理想、心情不好时，或者当孩子在外面受了委屈，回到家里抱怨时，或者当孩子因为计划受阻而难过时，作为父母，你会对孩子做出何种反应呢？如果孩子跟你说："我非常生气，因为……"你千万不能说："你干了什么坏事，为什么会这样呢？"这个时候，你只需要向孩子表示，你非常理解他的痛苦、尴尬或气愤。因为当孩子处于激动的情绪中时，他们听不进任何人的话。就算你给他建议或者批评他，他也听不进去，反而使他的心情更糟糕。他们唯一希望的是我们能够理解他们心里在想什么，能明白在那个特别的时刻他们的心情。而且，他们希望不用完全说出自己的遭遇，我们也能够理解他们。

那么作为父母，如何做到对孩子的感受做出良好的反应呢？以下几个方法可以参考一下。

1. 正确对待孩子表露出来的情绪

孩子心情不好，回家后向父母抱怨，对于这种行为，有些父母认为孩子这样做是很不礼貌的。于是对孩子呵斥道："你有什么好抱怨的，我又不是你的出气筒。"这就是一种误解，父母没有意识到孩子向他们抱怨是为了获得安慰和支持，是想得到父母的帮助。所以，针对孩子的感受做出反应，而不是非得有什么具体行为，只有先把情绪处理好了，其他的事情便可迎刃而解。

2. 原谅孩子的过激行为

孩子毕竟没有那么强的情绪控制能力，可能会做出错误的行为，比如，摔杯子、踢凳子，这些行为在很多父母看来是相当无礼的，越看越觉得生气，于是忍不住批评孩子。其实这样做是没有必要的，父母应该宽容孩子情绪失控时表现出来的行为，原谅孩子的无礼。当然，父母应该在事后指出孩子的毛病，教他今后要学会自控，仅仅通过发泄是解决不了问题的。

3. 和孩子一起抱怨

当孩子遇到麻烦而抱怨、发泄的时候，父母不妨和孩子一起抱怨，暂时和孩子站在同一战线上，帮助孩子宣泄不满。比如，孩子和同学为小事闹矛盾了，回家很生气，爸爸可以对孩子说："他怎么能这样做呢？我也觉得很生气。"当孩子把这些垃圾情绪发泄出来后，他会好受很多，过后再给他讲道理，他会很容易接受。

以上方法能在最快的时间里缓和孩子激动的情绪，等安抚好情绪后，我们再慢慢引导，结果就会事半功倍。由此可见，作为明智的家长，如果真的想帮助孩子，就应该充分尊重孩子的感受，要先对孩子表示理解，置身于他的情绪之中，然后再提出建议或意见，这样是不是算得上一个好方法呢？

先让孩子说出来，尽量听听孩子的意见

家教现场

张玉兰曾经是一位苦恼的妈妈。她有一个上小学四年级的女儿，有一段时间，女儿和张玉兰讲话时，态度很不好，比如说，有一天女儿放学回家，张玉兰问她："你又去哪里玩了？这么长时间都不知道回家啊？"女儿说："我和同学一起到王晓丽家玩。"张玉兰很生气地说："你不知道跟大人打声招呼吗？以后放学后就回家做功课，哪里都不许去！"女儿听了脸色很难看，然后不理妈妈就回房间去了。

张玉兰只是认为自己说的话和语气不好，但是后来张玉兰发现，女儿越大越不听话，张玉兰担心女儿现在有许多话不跟自己说，将来会发生什么问题。于是，张玉兰去咨询家庭教育专家，专家听了张玉兰的情况后，给她开了一个"药方"：多倾听孩子的诉说。并教给张玉兰许多倾听孩子心声的技巧。

从此，张玉兰不再对女儿的言行做价值判断。即使当孩子不同意自己的看法时，她也要承认女儿可以有自己想法的权利，并积极做女儿的倾听者。

比如，一天女儿放学回来说："妈！我今天考试没考好，心理好难受。"张玉兰听了，不再是责怪，而是停下手边的工作，坐下来对女儿说："是什么原因呢？愿意说给我听吗？"女儿看了看妈妈，把自己考试考坏的情况给张玉兰讲了。张玉兰听后，和女儿一起分析了失败的原因，并和女儿一起制定了相应的补救措施。

听完女儿的诉说，和女儿分析完情况后，已经是深夜了。女儿感激地投入张玉兰的怀抱说："妈妈你真好！"那一刻，张玉兰的嘴角也浮现出了幸福的笑容。

好妈妈分析

我经常听有的家长抱怨："孩子总是不好好听我说话，就当是耳旁风。"我相信孩子对这种情况也是深有体会。亲子沟通的关键，不在于父母说，而在于父母学会倾听。案例中的妈妈如果在女儿说出第一句话后就开始劈头盖脸地教育说教，时间久了，孩子就会把家长的话当成"耳旁风"，甚至会有厌烦抵触的心理。但是，妈妈由"说"到"听"的改变不仅改善了母女关系，而且对孩子的学习提供了重要帮助。

父母多倾听孩子的心声，让孩子说说自己的想法，发泄一下自己的情绪，了解孩子的感受，不但可增进亲子沟通的感情，也可以让孩子明白，当遇到烦恼时，回到家里都会得到父母的体谅和支持，家永远都是孩子的港湾。这样不仅能增加孩子的安全感，而且能使孩子的创造力和理解力得到全面发挥。

父母多听少说，是亲子沟通非常重要的一点。了解孩子没有说出来的思想感情时，父母应加强对孩子内部情感的直觉感受，而这种直觉的建立，最重要的途径就是与孩子沟通，要让孩子说出来，要学会聆听。

 好爸妈支招

称职聪明的父母，一定要聆听孩子说话，用自己对孩子的信任、尊重去促使孩子说话，用信任、尊重去促使孩子表达自己，从而达到顺利沟通的目的。在聆听和促使孩子说话的过程中，请注意以下问题：

1. 要对孩子的话表现出兴趣

如果你对孩子以及孩子的话表现出浓厚的兴趣，你和孩子之间不但能顺利沟通，而且会使他们感到自己是重要的。

2. 不管多忙，要留出和孩子接触的时间

在孩子的生活中，特别需要父母在他身边听他讲话。当孩子经历了内心的恐慌、创伤或有失望情绪时，特别需要温情的安慰，孩子也很想知道父母和他一起分享他们的好消息或悲伤时的心情。所以，父母应当使孩子感到自己不忙或急着做其他的事，而应当留出充分的时间和孩子接触，给孩子创造诉说的机会来表达自己。

3. 听孩子讲话的时候要专心

一个好的聆听者，必须集中注意力。因此，父母和孩子交流时应选择一天里不忙的时间和安静的地点，只有这样，才能够做到专心听孩子说话。在这个时间，不要做饭、熨衣服和做别的一些家务活，关掉电视，忘掉电话及其他分心的事，用眼睛注视着孩子，表示是真心在与他接触。每天都要为孩子提供与他们单独接触的机会，哪怕只用几分钟，可以对孩子说："我们一起散会儿步。"通过这些简单的方式可以增加独处聆听的时间。

4. 要耐心鼓励孩子谈话

为了使孩子的谈话持续下去，要用一些鼓励的词，如"是这样""我懂了""还有呢"，也可以提一些简单的问题进一步引导孩子。在结束谈话之前，不要打断孩子的话，让孩子详述某一问题的情景。

5. 父母还需要注意自身的行为语言

行为语言是父母向孩子传达信息的一种方式。如果许多父母仍然不知道怎样利用自己的行为向孩子表示"我在听着呢，我感兴趣，我在注意"，我们不妨使用一些身体语言：一是正面面对孩子；二是用慈爱的目光注视着孩子；三是身体竖直或向孩子倾斜；四是眼睛互相接触；五是与孩子紧挨着坐。

6. 在聆听的时候要表示自己有同感

一个善于聆听的父母，最重要的技巧是摆脱自己对问题的思想和感情，设身处地想孩子在经历着什么。通过这样，就能体会到孩子情绪的波动，孩子也愿意将自己的想法向父母倾诉。

7. 要帮助孩子弄明白，并说出父母的经验

聆听不是最终的目的，我们的目的是帮助孩子解决心中的困扰，父母通过聆听和交流，可根据自己的经验引导孩子解决问题并排除心中的苦恼。

如果一个父母能耐心地这样去做，多了解和关怀孩子，多听听孩子真实的想法，孩子肯定也会很乐意与父母沟通，长此下去，一个优秀的孩子离我们还会远吗？

孩子的过分要求坚决不能同意

家教现场

小宝已经上二年级了，一天孩子放学后，一家三口开车去了一下银行，爸爸去办事，李女士和孩子在外面玩。爸爸办完事后准备一起回奶奶家，但孩子死活不肯上车，要和妈妈一起走路，硬扒着车门不进去。李女士后来想想就算了，和他一起走路吧，于是让爸爸先走，在前面等着。结果，爸爸车刚走，他就要妈妈抱，妈妈当然不会去抱他，他就哭，说一定要让妈妈抱，妈妈就跟他说：妈妈上了一天班，已经很辛苦了，刚刚可以坐车你又不

坐，一点也不心疼妈妈……但他似乎什么也听不进去，还是一个劲儿地要妈妈抱。李女士继续自己往前走，他就抱着李女士的腿，两个人僵持了十来分钟，爸爸见他们半天没走过去，就开车过来了，但这个小家伙还是不愿意上车，一定要妈妈抱着，李女士一气之下，硬把他抱上了车。他在车上还是一直哭，到了奶奶家的巷子前，下车后，他竟然要走回刚才上车的地方，妈妈硬是抱着他，他一边挣扎一边哭，到了奶奶家，也是大哭着，谁哄也没用，吵着要出去，这时天已经下起了大雨，爸爸找了一把小水枪，在他面前玩了起来，他看着爸爸，由于想要水枪，哭声稍微小了点，但过了一会儿，又开始哭，要出去，爸爸拿了一把伞，并把水枪给了他，妈妈撑起伞去厨房给他的水枪加了水，让他玩，事情似乎慢慢才过去。

好妈妈分析

从上面的案例中可以看出，小宝确实是个倔强的孩子，已经到家了，居然还坚持要回到原来上车的地方让妈妈抱回来，妈妈在用比较温和的方式沟通无效后，还是很果断地拒绝了孩子的要求，爸爸转移孩子的注意力并使他平静下来。

生活中，有很多孩子经常会提出一些不合理的要求，而对家长来说，迁就和顺从孩子的不合理要求实际上是助长他们"以自我为中心"的不良意识。这种自我意识的不断膨胀容易使孩子变得自私无理，想干什么就干什么，不懂得与他人合作，所以家长要对这种过分的要求坚决说"不"，但是如果父母生硬粗暴地拒绝，会引起孩子大哭大闹，这就要求家长讲究一定的方法。

儿童心理学研究表明，当孩子提出不合理的要求时，家长说"不"比迁就孩子更有影响力。随便对孩子说"可以"，是冷漠与放纵；而酌情说"不行"，才是真正的关心与爱护。对孩子说"不"，尽管可能导致孩子大哭大闹，但孩子正是在反抗的同时意识到父母的尊严和权威的。当然，对孩子说

"不"并非意味着对孩子实施斥责、打骂的专制式管理，而是父母与孩子之间通过矛盾对立最终达成共识，使孩子学会分辨是非对错。当然，拒绝孩子之前，父母一定要考虑最好的拒绝方式，尽量不要对孩子产生心理阴影。

好爸妈支招

随着孩子逐渐长大，定会在很多事情上和大人产生分歧并提出一些无理的要求，家长不要事事顺着孩子，对孩子的无理要求要坚决拒绝。适当约束孩子和拒绝孩子，对孩子的健康成长大有裨益。巧妙地拒绝孩子，不但不会伤害他们的自尊心，不会使孩子对父母产生怨恨，反而会提升父母在孩子心中的威信，同时也使孩子懂得更多生活和做人的道理。应该如何应对孩子的不合理要求呢？

1. 做事之前先与孩子定好规矩

没有规矩不成方圆，好习惯来自于持之以恒的约束。特别是一些禁止孩子去做的事情是没有商量余地的，这些底线不能触碰。父母与孩子一起制定各种规矩，这是尊重孩子的体现，这样能使孩子更好地了解父母的想法，孩子做起来就更主动，也会更符合父母的要求。关键的一点是，制定的规矩应尽可能具体，要有可操作性，以便于实施和监督，这样可以让孩子在自我约束中成长。

2. 转移兴趣，引导孩子做一些有意义的事情

当孩子沉迷于一种不好的行为时，除了给孩子语言的告诫外，更要想方设法转移孩子的兴趣，用有意义的行为取而代之。例如，当孩子沉迷于网络游戏时，可以到书店为孩子挑选一些有利于孩子学习和成长的书籍，或者带着孩子一起去户外进行运动，这样不仅丰富了孩子的业余生活，也增长了孩子的知识或强健了其身体。

3. 平静地对孩子说"不"

当看到孩子身上存在着"毛病"时，家长不能把愤怒表现在脸上或语言

及行动上，而要耐心地指出错误并和孩子一起改正。当孩子无理取闹时，父母要用平静的口气表达心情以及对孩子的要求。这样，孩子会从你的语言态度中了解到，父母的态度是诚恳而坚定的，任何无理取闹都是没用的，时间久了，慢慢地他就不会经常提出过分要求了。

4. 说"不"就要坚持到底

对父母来说，最难的就是将态度坚持到底。你可以给孩子一些警告，也可以对他置之不理，还可以让孩子在某个地方冷静一下，甚至可以让孩子宣泄一下。至于采取什么样的措施来对待孩子，这要根据孩子的性格特点来选择，父母双方的意见一致，不给孩子有妥协的余地，要记住，有了一次的妥协，就会有下次的妥协，所有的坚持就前功尽弃了。

多问问孩子为什么，搞清楚孩子到底在想什么

家教现场

临睡以前，女儿赤脚站在我面前说："妈妈，我最喜欢的就是台风。"

我有点生气。这小捣蛋，简直不知人间疾苦，每刮一次台风，有多少屋顶被掀跑，有多少地方会淹水，铁路被冲断，家庭主妇望着几元钱一斤的小白菜生气……而小女孩却说，她喜欢台风。

"为什么？"我尽力压住性子。

"因为有一次刮台风的时候停电……"

"你是说，你喜欢停电？"

"停电的时候，我就去找蜡烛。"

"蜡烛有什么特别的？"我的心渐渐柔和下来。

"我拿着蜡烛在屋里走来走去，你说我看起来像天使……"

那是许多年前的事了吧。我终于在惊讶中安静下来，她一直记得我的

一句话，而且因为喜欢自己在烛光中像天使的那种感觉，她竟附带地也喜欢上了台风之夜。一句不经意的赞赏，竟使时光和周围情境都变得值得追忆起来。那夜，有个小女孩相信自己像天使；那夜，有个母亲在淡淡的称许中，制造了一个天使。

——摘自台湾作家张晓风的《那夜的烛光》

好妈妈分析

　　看完上面这个案例，相信大家读后都会有一丝庆幸，一个小天使的存亡就取决于母亲多问的一个"为什么"，就因为这位母亲压住性子多问了一句"为什么"，于是一个天使诞生了；如果这位母亲不够耐心，没有去问为什么，那么这个小天使就可能消失了。

　　我们都知道，几乎每个孩子都有着强烈的好奇心和求知欲，喜欢对某些事刨根问底地问"为什么"，而父母对孩子提出的为什么一般都很重视，总会不厌其烦地耐心解答，因为我们知道这是孩子探求了解外部世界的表现，也是向孩子灌输知识的好机会。父母都能对孩子的"十万个为什么"认真对待，但为什么不能反过来问孩子一句"为什么"呢？因为家长对孩子表现出的不合常规的行为往往不够耐心，不够关心，不去探求造成这一行为的深层原因，甚至只是觉得这是幼稚，因而只以简单粗暴的方式去干涉。其实作为父母，更应该保持一颗童真般的好奇心，对孩子莫名其妙的举动表现出足够的好奇，常问孩子一句"为什么"，这远比孩子问一句"为什么"显得更重要。因为如果没有回答孩子的一句"为什么"，孩子最多是迟知道一点知识，但如果我们没有多问一句"为什么"，有可能伤害到孩子的心灵，那将是无法弥补的损失。

好爸妈支招

　　在我们生活中，孩子无论做出什么让大人匪夷所思的举动，对孩子来说，都会有他们简单的理由和单纯的想法，我们不能站在成人的角度和高度来看待和分析，而应该静静地蹲下身子站在孩子的视角去观察和思考孩子想要表达的是什么，耐心探究孩子心灵深处的东西。比如，父母经常会遇到生病不愿打针的孩子，如果我们多问一声"为什么"，有些答案可能不会是"怕疼"那么简单，孩子可能会说"生病了爸爸妈妈能陪我"；挑食的孩子不愿吃某种蔬菜，很可能是因为这种蔬菜给过他什么触动；到睡觉时间还不上床的孩子，可能是等着送你一件他亲手做的礼物……这些都是需要通过我们多问一声"为什么"来获得的，如果没有那一声耐着性子的"为什么"，而是简单粗暴地去呵斥，我们很可能就失去了生活中的一些感动和童真，也会因此改变孩子天使般的性情。

作为家长，父母总认为很了解孩子，却没有意识到这种经验主义是对孩子的成见。当孩子做了不符合父母要求的事情的时候，家长甚至不愿意问问孩子事情的来龙去脉，而是将"不听话""不好好学习"等论断充斥在孩子耳边。这个时候，做父母的不妨静下心、弯下腰静静地听孩子把话说完。对于孩子"错误的想法"多问一句"为什么"，也许结果就会不一样。

因此，家长在和孩子沟通的时候，要先了解孩子的想法，才能正确地引导孩子。当孩子犯错误的时候，父母应放弃对孩子的成见，给孩子解释的机会。孩子说得有道理，应该赞赏；孩子说得不合理，可以进一步交换意见，直至解开孩子心中的疙瘩，只有这样，才能建立健康、和谐的亲子关系。

第三章

找孩子最愿意接受的方式说教和批评

允许孩子平等地争辩

 **家教现场**

"妈妈，你这样做是不对的。" 8岁的文文一本正经地说，"我有自由不睡觉！"听到这话，妈妈又好气又好笑，没想到这么小的孩子说出这样的话：自古都是孩子要听大人的，哪有孩子这么和自己的妈妈说话的？"明天你要上学，早上无法起床。我说要睡觉就得睡觉。"妈妈把电视机关了，"你这么小的孩子要什么自由，我是家长，我有权利管你。"

"你是准备打我吗？"文文可能在妈妈的语气中感受到了威胁，"打我，你就犯法，有未成年人保护法！"

"看看是我厉害还是法厉害！"妈妈实在忍不住，把他从沙发上拖起来，照着他的小屁股打了几巴掌。文文大哭起来，直到妈妈把他抱到床上，他仍在啜泣，待了好长时间才入睡。

坐在文文的小床旁，看着他委屈的表情，妈妈的心里也非常不是滋味，不禁沉思起来：为什么要打儿子呢？难道就是因为自己生养了他，因为爱他，就无法容忍他争辩吗？打他，其实只是因为他的争辩和不服从，只是因为自己家长权威的丧失！

第二天送文文去上学的路上，妈妈为昨天的以"权"压人向儿子道歉。文文竟然有些不好意思，小脸涨得通红，沉默着把脸转到了一旁。在妈妈的启发之下，文文终于开口了，没想到又是争辩的态度："你是家长，你不用向我道歉。"

"妈妈错了，"妈妈严肃地说，"只要做错了事，就应该道歉。""妈妈，那我也应该向你道歉。我不应该用那种语气和你说话。"一路上，他们都在为谁该向谁道歉而争辩着。看得出，文文正在努力说服妈妈接受他的意见。当妈妈对他的论点表示肯定时，他开心地微笑起来。进学校大门时，文文主动揽住妈妈的脖子，在妈妈脸上亲了一下。

好妈妈分析

像以上案例中家长与孩子的争辩可以说是很常见的，当面对孩子争辩时，你会如何处理？是否会像文文的妈妈一开始那样把自己的意志强加在孩子身上呢？没错，那并不是一种好的做法。明智的做法是给孩子争辩的权利，认真地听取孩子的意见，家长对自己的做法进行反思。我们先来说说给孩子平等争辩的好处。

首先，当孩子试图以平等的方式和父母争辩的时候，这个过程有助于孩子的逻辑思维和语言能力的发展。在争论过程中，孩子没有了父母的帮助，必须自己独立对事件进行观察分析，运用已有的语言和逻辑，有条理地表达自己的观点。这个争辩的过程虽然简单，但是可以学到争论、辩论的逻辑技巧，这对日后思维的发展和语言能力的提高是非常有利的。

其次，争辩能帮助孩子变得自信和独立。在和父母平等的争辩中，孩子会感觉到自己受到重视，知道应该怎样表达才能实现自己的意志。争辩也表明孩子自我意识开始迅速形成，开始尝试着走自己的路。在与父母争辩后，他们发现自己并非都是错误的，孩子从中获得了成就感，这能帮助他变得更

加自信和独立。

事实证明，争辩是在孩子与家长的谈话中，孩子最来劲儿、最高兴、最认真的时候才会发生的事。只有在父母民主、亲子关系和谐时才能出现。一个家庭如果家长角色意识太强，清规戒律太多，想与孩子争辩，恐怕都办不到。因此，如果孩子与家长争辩，不要怕丢了家长的面子，不要担心孩子不听话，孩子也是讲道理的。家长与孩子争辩，孩子觉得家长讲平等、讲正义、讲道理，他会打心眼儿里更加信赖和尊重家长。而且通过争辩他既可以深刻地弄明白家长的要求，也会心悦诚服地按照家长的要求去做。

好爸妈支招

孩子和家长的争辩意味着孩子心理的成长，他们开始逐渐明白自己喜欢什么、不喜欢什么，这是令人欣慰的事情。但同时父母也必须明白，孩子的自我意识还没有那么完善，他们有时候还不知道用何种方法来恰如其分地表达自己的想法，顶嘴只是一种简单的表达方式。

通过家长与孩子争辩，孩子不仅能弄清是非曲直，而且能学会估量自己，了解自己的能力，能养成坚持真理、以理服人、平等公正的好品质，同时也能活跃家庭气氛，在感情交流、思想沟通中，表现一种亲情和友爱。

给孩子平等争辩的权利，不是每个父母轻易能做到的。所以，首先需要父母克服自以为是，不要用唯我是从的单向说教的思维定式，而要尊重孩子，鼓励争辩，用善于双向交流的思维方式；改变轻则呵斥、重则棍棒的粗暴行为，养成重科学、讲民主，以理服人的良好规范。

所以，优秀的父母应该树立一种观念，只要孩子是遵循规则、讲道理，就允许孩子争辩，这样不会让家长丢面子。明智的父母通常不把自己的意志简单地强加在孩子身上，为孩子的争辩创造一种宽松、平等、民主的氛围。在争辩的过程中，父母应放下架子，循循善诱，以理服人，而不是简单地把孩子的争辩看做对长辈的不敬。这种争辩，对两代人都有好处，因此父母要善于研究学习，让争辩发挥更大更好的作用，促进孩子的成长发育。

如果孩子讲得有道理，该妥协时要妥协

家教现场

孩子期末考试终于结束了，美好的假期正在向他们微笑、招手，相信孩子们对此也渴望已久了，终于可以轻松地玩一玩，高兴地做自己想做的事情了，那种压抑不住的兴奋劲儿可想而知，因为我们也曾经历过。此时，孩子的父亲又习惯性地行使起父亲的威严和权力：马上就要到奶奶家度假了，先在家里把假期的作业写完，然后再去休息。可是平时温顺的女儿却异常顽固而倔强，不想写，反驳道："我不想现在一下子就写完，在奶奶家我每天写一点，照样可以做完。"父亲生气了："到那里成天就知道玩，哪有时间写？不写作业，就罚站2小时！"没想到，孩子想都没想，自己就主动去站着了，没有任何妥协和放弃的意思。做父亲的，虽然不忍心孩子就这么站着，但是家长的威严又使他放不下面子，怎么能跟孩子妥协呢？于是父女就这么僵持着，直到孩子的母亲回来。

看到这父女俩都如此倔强，母亲对女儿说，陪妈妈到外面走走吧。转了一圈后回到家里，此时父亲也消气了，觉得女儿说得也不是没有道理，每天写一点，可以防止知识的遗忘，但是也不好意思向女儿道歉，只好轻轻地对女儿说：快去洗洗澡，然后睡觉去吧。没想到，此时的女儿没有走向浴房，也没有走向卧室，而是主动拿出了书本，写起了作业。父亲、母亲相视而笑。

好妈妈分析

上面这种情况很常见，其实仔细想想，有时候孩子的要求也并不是没有

道理，在这种情况下，如果家长做一定的妥协，不仅不会让自己没面子，反而会让孩子更加地尊敬自己。

在我们的生活和教育中，父母与孩子之间都存在着坚持与妥协的矛盾，有时是关于学习的，有时是关于生活方式和习惯的。人人都有尊严，没有人喜欢主动妥协。但多数的孩子都是迫于家长的威严而无奈地妥协，被迫去做自己此时并不想做的事情。如果刚好碰到孩子和家长的个性都非常强，结局可想而知，久而久之，矛盾不可调和，家长无奈，只好放弃管理；孩子无奈，自暴自弃，这个结局无论对于家长还是孩子都是不想看到的。当然，也有一些家长出于对孩子的溺爱而习惯性地选择妥协，孩子也习惯于家长的妥协，只要自己撒撒娇、耍耍性子，就可以达到目的，结果时间长了，极易造成孩子放任自流。又有多少家长能够理智地选择妥协呢？作为强势群体的家长，如果在孩子说得有道理的情况下能够适当地妥协，带给孩子的可不是家长的放任，而是尊重和理解，他们反而不会产生逆反心理，以后会更加积极主动地配合家长，这样，不就是家长一直想要的结果吗？

好爸妈支招

事实上，家长对于青春期孩子"合理的一面"进行妥协并不是无奈之举，而是明智之举。青春期的孩子叛逆、易冲动、自尊心强，一旦他们合理的需求得不到满足，他们就会变本加厉，更加爱发脾气。所以说，家长对他们"合理的一面"进行妥协，是消除孩子负面情绪的一剂良药。

随着孩子年龄的增长，他们的思维也日渐成熟，对各种事情都有自己的看法和认识，当亲子之间因为意见分歧发生矛盾时，错的并不一定是孩子，也就是说，家长的观念和做法也会存在不合理的一面。因此在这种情况下，家长就应该对孩子"合理的一面"进行妥协。

当然，我们所说的妥协不是无条件的妥协，而是通过反思自己的观点之后对孩子思想的一种认同，这种认同不仅能增强孩子的信心，也会在孩子面前树立正面的形象，更能减少以后在与孩子发生意见不统一时的矛盾，因为在他眼里，父母都能知错妥协，自己为什么还那么固执呢？长此以往，和谐的亲子关系和家庭氛围离我们还会远吗？

多项选择让孩子放弃不合理要求

家教现场

维丽是个爱好体育的孩子，特别爱滑旱冰，她希望每天都能滑上一段时间。但是放学后的时间正值下班高峰期，妈妈又要在家做饭，没有时间带维丽去公园专门的地方滑。于是维丽想在小区院子里滑来滑去，但是妈妈觉得很危险，就对女儿说："维丽，现在院子里来来往往的都是车，你这样滑来滑去太危险了，你还是别滑了。"

维丽听了就不大乐意了，平时上学没时间，放学做完作业刚好可以玩一会，却不让，她便噘着嘴说："我就要滑，要不然多么无聊啊，也不知道干什么。"

"你现在可以做其他有趣的事情啊，比如，可以画一会儿画，或者你不是喜欢看动画片吗，可以看电视，但是只能看两集哦，等吃完晚饭，妈妈带你去公园滑旱冰。"

维丽想了想："对呀，我差点忘了，《熊出没》马上就要开始了！"说完，便跑到客厅去看电视，妈妈也可以安心做饭了。

好妈妈分析

在生活中，我们经常会遇到孩子提不合理的要求，比如：像案例中的维丽，孩子想去做一件好玩的事情，但是这件事情确实充满危险，妈妈就会拒

绝他们的要求。但是有的妈妈会直接简单地说："不可以！"可是这样的拒绝会使孩子闹情绪，严重的可能会造成孩子的逆反心理。案例中的妈妈给我们做了一个很好的榜样，她通过其他的事情来引导孩子，转移孩子的注意力，让她选择其他的事情去做，这样既可以让孩子开开心心地接受，也符合了家长的要求。

其实，孩子并不是我们想象中的总是喜欢无理取闹，他们也需要发挥自己的主观能动性。尤其是年纪稍微大一点的孩子，好多家长就发现，跟孩子沟通很难达成一致，家长想要他这样做，他偏偏要那样做。为什么会这样呢？原因很简单，家长没有给他留选择空间，家长所决定的事情，只要求孩子去做，这个时候孩子很容易逆反，但是如果家长给孩子两三个以上的选择，孩子就会有被认同感，此时，他们往往会很乐意接受家长的提议，这样，就很容易改变一个叛逆的孩子。

好爸妈支招

当遇到孩子提出不合理的要求时，我们不妨多给孩子几个选项，让孩子自己放弃不合理的要求。曾经有句话说，"要是不想地上长草，就在里面种庄稼。"这也是相通的道理。当孩子想去做危险的事情时，我们给孩子提出几个选择，可以是看一会儿动画片，或者是玩半小时游戏，带孩子出去吃盼望已久的大餐等，这样，孩子自然而然就会把危险的事情抛到脑后了。如果孩子对妈妈提出的建议都不感兴趣，还可以让孩子自己提要求，只要是合理的都可以。通过这个过程，不仅达到了家长的要求，还让孩子学会了选择和放弃。我们教孩子学会了选择，他就具备了一个正常人的基本心态和素养，以后在面对众多事情时，就能分清安危和主次，知道哪些是重要的，哪些是次要的，哪些是可以做的，哪些是不可以做的，他就会抓大放小，就不会贪得无厌，从而学会取舍，学会放弃。

作为家长，如何有效地帮助孩子主动放弃一些不合理要求呢？以下几个方法可以尝试一下。

1. 帮助孩子完成一个心愿

孩子都会有好多好多想要做的事情或者想要得到的东西，妈妈可以告诉孩子，如果你不去做这件危险的或不合理的事情，妈妈可以帮助你实现一个小小的愿望，但这个愿望最好是对学习或生活有帮助的，这样，孩子就会特别愿意接受。

2. 给孩子安排一些有偿的劳动

在孩子提出一些危险性的要求时，妈妈可以给孩子安排一些家务劳动，并付一定的"报酬"，这些"报酬"可以作为零花钱，这样就可以转移孩子的注意力。当然，为了避免孩子产生"做家务就能得到钱"的想法，妈妈在平时也要安排一些无偿的劳动，比如，整理自己的房间等，培养孩子的自理能力。

3. 在寒暑假期间给孩子报一些孩子感兴趣的学习班

当然，兴趣班一定要是孩子感兴趣的，而不是家长强加于孩子的。孩子把这些空余时间都利用起来做自己感兴趣的事情，就没有那么多时间和心思去做危险的事情了。

把理解和共鸣作为沟通的原则

家教现场

十岁的彬彬回到家，扔下书包就开始发脾气、抱怨。

彬彬："上学真没劲、真痛苦，我都不想去了！就因为我说我把家庭作业忘在家里了，老师居然说我是骗子，她对我凶巴巴地嚷了几句，还说以后再这样就找家长。"

妈妈："老师怎么这样啊，那你岂不是很生气啊？"

彬彬："是啊。"

妈妈："在全班同学面前被叫做骗子，一定让你尴尬极了。"

彬彬："我都快哭了。"

妈妈："我想你心里一定骂了她几句！"

彬彬："是的！你怎么知道？"

妈妈："当有人误解伤害了我时，我通常也会这么做。"

彬彬："是吗？哈哈。"

看着孩子露出淡淡的笑容，妈妈知道他的气已经消了一半，下面的事情就好说了。

✏ 好妈妈分析

当孩子回到家，不停地抱怨他的朋友、老师，或者生活时，家长最好先顺着他的语气回应他，而不要先试图查明事件的真相。当孩子发现他们的感受是正常人经历的一部分时，他们会感到自己被理解。就像案例中的妈妈一样，如果家长换种方式说："谁让你忘记带作业的啊？别人怎么没有忘记，天天就知道玩。"可想而知，对话无法友好地进行下去。还好，案例中的妈妈采取了"站在孩子情绪上说话"的方式，理解孩子当时受委屈的心情，让气氛没有变得沉重，谈话得以继续。

在与孩子的沟通上，能否理解孩子并产生共鸣，是一件很重要的事。我们沟通的目的当然不全都是为了解决问题，孩子有时纯粹只是表达自己的心情，发发牢骚而已，有时甚至说的都是一些完全不着边际的内容。即使在这种时候，家长还是必须努力与孩子产生共鸣，不然就没有办法继续聊下去了。反过来，偶尔也可以设法让孩子对你产生共鸣。例如，告诉孩子："妈妈今天办砸了一件事，弄得我连做晚餐的心情都没有了！"只要父母肯将自己失败的经验、有趣的事件、惊讶的原因主动告诉孩子，说不定孩子也会跟着响应，主动说出今天发生的事。例如，"我在学校里今天也差点犯错！""今天我也有一件很开心的事啊！"在这样的一个氛围中，和孩子沟通就变得容易多了。

好爸妈支招

其实和孩子沟通并不难，大多先由倾听孩子说话开始，哪怕沉默地听着孩子说话，并只以点头表示自己在听也无妨。同样，只要看到父母这种"确实在听自己说话"的态度，孩子就会感到自己是被父母关注、理解的，从而才能放下心来。不过当孩子和你说话的时候，最好不要只是大声地发出"嗯、嗯"两声，或只是随便点点头，应该在听到孩子说"发生××事，让我觉得很生气"时，回应孩子一句"要是我，我也会生气"。哪怕只是跟着附和孩子的话，也能让孩子觉得"爸爸（妈妈）理解我的心情""还好我把这件事说出来了，看来我和爸爸（妈妈）有共鸣"。所以家长在倾听孩子说话时，一定要"站在孩子的立场上"，这样才能真正地理解孩子，和孩子产生共鸣，一旦看到孩子表现出一副懊悔的样子，就回应他："你一定觉得很沮丧吧！"若看到孩子很开心，则回应一句："好棒！"

即使在倾听的过程中觉得孩子所说的话有误或者孩子做得不对，还是应该先听孩子把话说完再说。比如，有些父母常常会忍不住中途就插嘴："你怎么能那么做呢？"或是"你当时怎么没想起来这么做呢？"若真的这样反驳孩子，就会被迫孩子中断自己的话，说不定心里还会非常懊恼地想"跟你真是没法沟通，早知道你会这么想，就不跟你说这件事了，以后再也不说了。"这个结果是我们都不想看到的。

由此可见，和孩子建立良好沟通关系的关键就是站在孩子的角度来考虑问题，让孩子真正地感到被理解并产生共鸣，孩子才愿意敞开心扉和父母交流！

尽量举例说明，夹叙夹议

在一次亲子教育的交流课上，一个妈妈讲了这样一个故事。

温铎看上去最近心情不大好，因为在上次的期中考试中，他的学习成绩下降了不少。

今天放学回来把书包往沙发上一扔，他就对我抱怨："妈妈，我不想去上学了，上学有什么用啊？学的东西以后又不能吃不能喝的。"要是在平时，我可能会给他讲一大堆道理，直到讲得他"投降"为止，但是今天我不想再当"唐僧"了，我拉着他说："儿子，上学确实很辛苦，妈妈上学的时候也是这个感觉，但是我后来看到了一个故事，我现在讲给你听听。"

在古老的游牧时期，有一群游牧部落的牧民正准备安营扎寨休息的时候，忽然被一束耀眼的光芒所笼罩。这是他们第一次见到这种情况，原来只是听老人们讲过，这是神马上就要出现了，因此，他们满怀殷切的期盼，希望神为自己带来好运。神果然出现了，对这群牧民说："明天你们放牧的时候沿途要多拣拾一些鹅卵石，把他们放在你们的马褡子里。"

说完，神就消失了。牧民们感到非常失望，因为他们本来以为神会给他们带来无尽的财富，但没想到神却吩咐他们去做这件毫无意义的事。但是，不管怎样，毕竟是神安排的，就算不乐意也得照着做。第二天，他们各自漫不经心地拣拾了一些鹅卵石，放在他们的马褡子里。当夜幕降临，他们开始安营扎寨时，忽然发现他们白天放进马褡子里的每一颗鹅卵石，竟然都变成了金子。他们高兴极了，同时也后悔极了，后悔没有好好听神的话，认为鹅卵石没有用，没去拣拾更多的鹅卵石。

温铎听完我讲的故事，望着我静静地看了一会儿，说："妈妈，你是说现在我们觉得没用的知识，就像鹅卵石，将来有可能变为无尽的财富，是吗？"我赞许地点点头，说："你真有悟性，你现在学的知识看上去用不着，但是积累多了，以后就会变成你宝贵的财富。"听完，儿子拿着书包回房间写作业去了。

好妈妈分析

在我们教育孩子的过程中，最令孩子反感的就是家长滔滔不绝地灌输一大堆大道理。而故事却是每个孩子都喜欢的。案例中这位睿智的妈妈在面对孩子的问题时改了以往的"唐僧说教法"，没有对孩子进行斥责，也没有讲一大堆硬道理，而是巧妙地运用孩子们都爱听神话故事的心理进行比喻，让孩子去领会言外之意，可谓旁敲侧击，故事与道理并用，取得了很好的说服效果。试想，如果妈妈拿出一大堆道理讲给孩子听，孩子肯定会无奈地说："这些道理你都讲了多少遍了，耳朵都起茧子了。"

孩子从出生就处于家长的教育之下，所以他对家长的大道理有时候是会反感的，因此说教效果微乎其微，甚至有时候会直接被孩子"屏蔽"掉，因此，家长通过举例或用孩子喜欢听的故事来启发孩子，就会收到事半功倍的效果。

好爸妈支招

既然孩子都爱听故事，那么什么情况特别适合家长寓理于故事之中呢？一般来说，父母用故事来教育孩子可以用以下几种方式。

1. 通过故事的评述来说明道理

有时候家长面对孩子身上发生的事情，如果恰好有类似的例子或者故事，家长不妨拿来和孩子的事情做一番对比，从而引申出某个道理，这样不仅对比清楚，鲜明生动，而且能使孩子在不经意间得到自我反省的机会，印象深刻。

2. 通过故事的情趣来开导孩子

有些寓言故事听起来像笑话一样，幽默风趣、浅显易懂，寓意深刻，蕴含了深刻的哲理。如果我们能把这类故事巧妙地引用到我们的谈话之中，就能不露声色地将自己的意思传达给孩子，从而起到潜移默化的作用。

3. 通过故事人物激励孩子

以故事中的正面人物形象为听者树立一个榜样，是人们常用的劝告他人的一种方法，在将故事中的正面人物和自己进行比较时，特别富有感染力和鼓动性。

4. 通过故事中的人物来表达自己的情感

任何人讲故事都带有自己一定的人生感悟或情感体验。如果父母能通过这种故事将自己的情感融入故事的人物和情节中，孩子就能更加真切细致地体会到。

通过以上方法的尝试，家长就会发现，给孩子讲道理并不是那么难了，或许还会让孩子爱上家长给他讲道理呢，因为在孩子眼里，有更多的故事等着他！

孩子情绪激动时，先顺着孩子说下去，让孩子自己发现错误

 家教现场

张勤像往常一样开着车送7岁的默默去上学。

"妈妈，昨天出去玩的滑板车还在后备厢里呢，忘记拿出来了。"

"哦，反正你白天也不玩，晚上我就把它拿出来带回家里。"张勤随口答道。

"可是，我昨天还没有玩够呢，我想把滑板车带到学校去玩。"

"不行！"张勤毫不犹豫地告诉她。

结果她一下子脸就变得异常愤怒，声音提高20分贝对妈妈说："为什么不行？老师也没说不能带滑板车去学校啊？"张勤看了她一眼，发现要是强制地和她争论，估计得在车里闹腾。张勤马上压住情绪温和地说："那好吧，那你就带到学校吧。"

停了一下，张勤继续说："对了，你的好朋友丁丁和露露不是特别喜欢玩陀螺和小狗吗？你让他们也带过去，到时候一起玩啊。"

"对啊，我也挺喜欢小狗的，下课了，我可以和小狗玩玩。"

"还有，你不是说你同桌养了一只小鸭子吗？你还跟我说挺羡慕他的呢？"

张勤瞟了一眼满脸笑容地陶醉在自己的开心王国中的默默。突然默默一本正经地说："那如果上课的时候鸭子叫起来怎么办呀？"

"对呀，到时候小狗也一起跳出来了。"张勤也装作突然才想起来似的附和着她。"到时候小狗在教室里乱跑，就撞到我的滑板车上面了，没准儿还尿在我的车上呢，老师就没法上课了，哈哈……"默默自己又沉浸在她想象的画面中了，还乐得不行。

张勤趁势问道："那你还带滑板车去学校吗？"

"不带了，等我放学回来再玩吧。"

好妈妈分析

生活中，当家长遇到孩子犯倔时就会非常恼火，喜欢用家长的权威压制孩子，非让孩子"俯首称臣"不可，这种较劲的做法不但没有效果，还会让孩子更加叛逆，亲子之间越来越疏远。相反，如果家长能换个思路，在孩子情绪激动时改变自己说话的方式，温和地顺着孩子的思路引导一下，可能就会起到意想不到的效果。案例中的张勤便是很好的例子，虽然她用严厉的方法坚持不允许孩子带滑板车进学校也能达到同样的目的，但可能会让孩子的

心情糟糕透顶，甚至会影响一天的学习。而她这种引导的方法，让孩子自动放弃了不合理的要求，而且心情变得很愉悦。

教育专家指出，孩子到了一定年龄，就会有一定的判断力，而这个判断力也有难易之分。当这件事情超过孩子的简单判断力的时候，需要家长进行引导分解，孩子自然就能进行准确判断。

好爸妈支招

很多时候，孩子在家长眼里都是"不听话"的。实际上并不是孩子不听话，而是因为随着孩子慢慢长大，有了自己的独立意识，想坚持自己的想法，但是因为年龄阅历等因素这些想法可能并不成熟、不合理，所以这个时候如果不想发生亲子冲突，那么在孩子想往"右"走的时候，家长不要强迫孩子往"左"走。可以顺着孩子的思路引导孩子，让孩子自己意识到错误，自觉地跟着家长走。

那么家长在孩子情绪激动时应该怎样顺势引导效果会比较好？以下几个方法可参考一下。

1. 不要马上严厉地直接指责孩子的错误

本来孩子当时的情绪就处在一触即发的状态，如果家长严厉地批评和一味地指责，肯定会加速孩子情绪崩溃，导致父母的意见根本就听不进去，所以，最好能选择"曲线救国"的方法进行教育。

2. 引导孩子预见事情的后果

许多孩子往往比较冲动，做事情的时候常常不考虑后果，而且由于孩子的经历比较简单，所以能够预见到的后果往往与成人能够预见到的不一样，这时候，父母适当引导孩子，孩子就会反省自己的行为了。

3. 要让孩子承担犯错的后果

父母要改变以往帮孩子承担后果的习惯，要让孩子明白，一旦自己坚持这么做，就要承担由此造成的严重后果。

如果家长在孩子情绪激动的时候，能够参考上面的意见引导一下孩子，相信孩子的行动就会有很大的改变，变得很容易接受父母的意见，亲子关系也会更加和谐，何乐而不为呢？

做错了就要负责，没有什么好说的

家教现场

一次，薇薇妈妈带着她去饭店和朋友一起吃饭，刚好那位朋友也带着孩子。妈妈和朋友吃完饭在一起开心地聊天，薇薇也和这个新认识的小朋友一起快乐地玩耍，忽然，一不小心，薇薇将一只盛有红茶的杯子碰到地上打碎了。

妈妈看看女儿没有受伤，于是指着地上碎了的玻璃片说："快去找服务员阿姨借扫帚过来把这里打扫干净，并且跟阿姨道歉，看需要赔多少钱。"

闻讯赶来的服务员看没有人受伤，赶紧转身拿着扫帚过来扫。薇薇赶紧接过扫帚说："阿姨，对不起，我闯的祸我来打吧，您看这只杯子多少钱。"

服务员说："你太小，还是我来扫吧，没事，这个杯子20元钱，到时候记到账单里好了。"薇薇不同意，坚持自己慢慢地把那些玻璃碎片打扫干净，虽然动作略显笨拙。

回到家里，妈妈说："今天在饭店为那只杯子赔了20元钱，这个钱算我借你的，你可以通过自己的劳动偿还给我。"于是薇薇用了两周的时间帮妈妈扫地、洗衣服等，终于攒够了20元钱。从这以后，薇薇反而养成了帮妈妈干家务的好习惯。

好妈妈分析

当面对孩子犯错时，很多父母总是喜欢大包大揽，把本应由孩子承担的

责任转移到自己的身上，失去了本应让孩子接受教训的良机，以致时常出现"孩子在外闯祸，家长收拾烂摊子"的局面。面对上面的案例中，也许很多父母的做法是：父母为那只杯子赔钱，服务员把残渣打扫干净，而孩子可能根本就没觉得自己犯了错。而薇薇妈妈不一样，薇薇自己犯的错得让她自己道歉收拾，即便是并不算多的赔款，也得由孩子通过劳动来赔偿。

好多父母在孩子闯了祸、犯了错时，不是先教育孩子去道歉和承担错误，而是着急地先替孩子道歉，然后再训斥孩子。父母这样做，不仅让孩子认识不到自己的错误，反而会让孩子产生"反正爸爸妈妈都会替我承担"的想法。以后即使孩子做了错事，也不会为自己的错误"买单"，这样很不利于孩子的健康成长。因此，孩子做了损害别人利益的事，让他自己向对方道歉，赔偿损失，这不仅是为了取得别人的原谅，更重要的是使他从小就学会对自己的言行负起责任。

孩子，从小就要培养其责任感，没有责任感，他就不可能认真去做事。而现在的孩子，大多是独生子女，以自我为中心，在平时的学习生活中，发生争吵或犯错时，听到最多的是孩子以"这不是我的错""它本来就是这个样子的""是他先……"等托辞或者指责别人，如果任其发展，他们长大后肯定会缺乏责任感。因此，家长要从小对孩子的行为态度加以引导，使孩子明白做错了事就要负责，没什么好说的。

好爸妈支招

父母要培养孩子的责任感，就要求孩子自己做错事的时候，不要把责任推卸给他人，要先想想自己错在哪儿，要怎样负起责任，让孩子不要为自己的过失找任何借口。教孩子为自己的错误行为负责任，父母需要很多时间和耐心，那么，父母应该如何培养孩子的责任感呢？

1. 父母在面对孩子犯错时，不要打骂孩子

孩子是在一次次新的体验中长大的。每一次犯错，其实都是一次让孩

子学习的好机会，当孩子犯了错的时候，在他们的心里都有一种要接受惩罚的准备，这说明孩子已经知道自己错了。所以，当孩子明白自己做错了的时候，家长就应当保持冷静，尽量不要大声训斥，更不要夸大其词恐吓孩子。否则，孩子就会因为逃避惩罚而不敢承担责任，这样的教育效果是和家长的初衷背道而驰的。

2. 父母要为孩子做一个好榜样

当父母做错了事情时，就要认错并承担责任，这有助于让孩子更好地理解什么叫责任。如果父母做错事都不负责，那么孩子就会想"爸爸妈妈都不用承担责任，我为什么要承担责任呢"。所以，父母要勇于承认自己的错误，为孩子做出表率。

3. 父母要坚持让孩子对自己所做的错事负责到底

孩子犯了错，需要孩子自己去向别人道歉而不是父母代劳，如果造成了经济损失，在孩子可以承受的范围之内让孩子通过劳动来赔偿。这样孩子才会对自己犯的错印象深刻。

总之，父母应该放开双手，要从小培养孩子对自己的行为负责的好习惯，在错误面前要勇于承担责任。

话不投机时，父母要向孩子传达善意

家教现场

周六，李凡和几个好朋友约好外出聚会，朋友们见面总是觉得时间过得很快，玩着玩着就忘了时间，到家时已经八点半了。

妈妈和李凡有约定，如果外出，必须七点半之前回家。见到儿子回来，妈妈拉着脸问："怎么这么晚才回来？"

"今天不是周末吗？想放松一下……"

"周末就不用学习了吗？看看你的成绩，要是学习也能像玩这么用心就好了，等啥时候考了第一再这样自作主张吧。"

李凡知道自己错了，本来想到家好好认个错再复习功课，但是看到妈妈这么凶地对自己一顿责骂，他也觉得挺生气的，既然话不投机，就不说了，于是一句话没说便回到了房间。

李凡本来还想学习一会儿的，现在被妈妈弄得一点学习的心思都没有了，就感觉耳旁尽是妈妈责骂的声音，心里甚至想着："怎么对我这么凶，是不是对我特别失望，一点都不像小时候一样爱我了。"

妈妈在客厅里也越想越气，但是看到孩子这么沮丧不理自己进屋了，心里也觉得不是滋味，也认识到刚才自己太凶了，不应该这样对孩子。

于是走进房间拍拍李凡的肩膀，说："凡凡，妈妈见你这么晚没回来，一方面担心你的安全，另一方面眼看着考试临近，怕你耽误学习。我希望你通过今天的放松能让自己更好地投入学习中去。"李凡听了，也觉得挺难为情的，看来也是自己误会妈妈了，于是拿起书本复习起功课来。

好妈妈分析

当孩子做了一些不恰当的事情时，很多家长喜欢训斥孩子，甚至说粗话、狠话，殊不知，这种做法不仅不能让孩子接受，还会引起反感，必然会话不投机，这样会造成孩子觉得自己渐渐远离了这个家庭，远离了父母的爱，甚至会形成代沟，发展到无法跨越。还好，案例中的妈妈及时认识到自己的问题，及时向孩子表达了自己严厉背后关怀的一面，这才让孩子打消了一些负面的想法，能够安心地投入学习中去。

在我们的生活中，父母与孩子之间的观点有矛盾是常有的事情，如果谈话总是充满着火药味，恐怕不仅解决不了问题，还会使孩子觉得特别的孤立和无助，这时候需要父母放下架子，让孩子能感觉到自己的关怀，也许就是父母退让的这一步，就能让孩子觉得自己不是被孤立的，从心里慢慢地接受父母的意见。

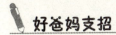

好爸妈支招

　　孩子的心里都是渴望得到爸爸妈妈的爱，而言语正是传递这份感受最直接有力的工具，爸爸妈妈若懒得用话语表露这样的感情，而只是将它隐藏在心里，孩子又怎么理解和感受，更何况孩子在和父母发生矛盾后的心理是特别脆弱的，更需要得到这份温暖，因此在这种情况下，请大胆主动地将这份感情表露出来，让孩子不再觉得自己是被孤立的。

　　俗话说："良言一句三冬暖，恶语伤人六月寒。"批评，尤其是不理智的批评，在孩子看来就像恶语，很容易伤害孩子，对还没长大的孩子来说是一种情感的摧残。因此，家长在和孩子发生争执或批评孩子之后，一定不要忘了及时安抚孩子，让孩子知道父母依然爱着他，批评他也是为了他好。

　　有些父母只有在孩子小的时候表达亲昵的行为，其实人不管长多大，都需要身体温暖的关怀。当孩子慢慢长大的时候，别忘了抓住向孩子表达爱意的机会，特别是孩子在受到父母的批评或者和父母的观点发生矛盾的时候，一定要将自己的善意表达出来。在孩子眼里，父母对自己的爱比金钱物质都重要，所以一定要让孩子体会到这份感情。这样孩子虽然承受了父母严厉的批评，但同时也能感受到父母的用心良苦，也就不会有那么强烈的抵触情绪。父母在向孩子表达友善时，也能得到孩子友善的回馈。有这些感情作基础，父母与孩子的沟通还能有那么困难吗？

再有道理的话，都不要说三遍以上

家教现场

　　放学后，孩子写作业的时间经常是林林妈妈头疼不已的时间。林林都

上三年级了，每次写作业的时候总是磨磨蹭蹭，一会儿上厕所，一会儿吃零食，一会儿还得站起来玩会儿玩具接着写，就算是写作业，也是马马虎虎，字写得东倒西歪，还没有以前写得好，一看，明显就没有认真好好写。

每当此时，妈妈总会一遍又一遍地跟林林说："做作业就集中精力做，做完了就踏踏实实玩，老这样下去，以后你做什么事情都没有时间观念……"时间长了，林林妈妈自己都觉得天天像个"唐僧"一样，而孩子却跟没事儿人一样。

林林妈想来想去，觉得这样下去不行，孩子写字越来越差，而且磨蹭到那么晚才能做完作业，于是林林妈走过去对林林说："妈妈跟你讲过很多次做作业应该怎么做了，对不对？"林林点点头说："你天天都说，这么多遍了，我听都听烦了。"妈妈想，既然林林知道这些道理，但故意不好好写作业，那只能换别的方法了。妈妈走过去收起林林的作业和书本对他说："既然你知道，但你还这样，说明你就是故意不想好好写了，你也知道学习是自己的事情，那么既然你不想好好写，咱们就干脆别写了，你现在可以去玩玩具了，明天要是老师问你，你就自己向老师解释吧。"林林抓着书不同意，但还是被妈妈坚决地收走了。林林惊奇地望着妈妈，没想到妈妈今天会这么做。

他自己一个人默默地玩了一会儿玩具，想到明天老师会批评，还是有点怕，便跟妈妈说："我想好好地写作业，我以后再也不边玩边写了。"从此以后，林林果然放学回家就先抓紧时间把作业认真做完后才出去和小朋友玩。

好妈妈分析

有理走遍天下，道理本来是人生路上的指明灯，但为什么会令人厌烦？根源就在于：道理，不是仅仅靠一张嘴去"讲"的！孩子已经明白的事情，父母如果反反复复喋喋不休，不但对孩子没有更多的帮助，反而可能引起孩子的厌烦。过于频繁的责备不仅让孩子变得"皮"了，对批评充耳不闻；而且在其成长的岁月里，更会在他的心里留下阴影，认为自己做什么都不行。

估计好多妈妈都曾经像案例中的林林妈妈一样，每天都扮演着"唐僧"的角色，而且也都很苦恼孩子根本就听不进自己说的话。其实，孩子听不进去并不代表孩子不懂这些道理，只是他听烦了而已，所以，这个时候一遍又一遍地讲道理一点作用也没有，反而会让孩子产生抵抗的心理。在这种情况下，家长不妨换种方式，只要我们确定孩子明白了这个道理，就没必要无数次地重复，重要的是让孩子如何将这个道理付诸实际行动。

好爸妈支招

从上面的案例我们可以看到，家长批评孩子，再有道理也不要超过三遍，不要逢事就说，因为有的错误，孩子可能马上就能自己明白，不说也罢。对于生活中一些常见的错误，家长讲一两遍道理如果不管用，那么说的次数再多，效果也不大，这种情况下不如采取以下方法试一下。

1. 最简单的办法就是家长以身示范，给孩子做个好榜样

父母作为孩子的启蒙老师，对孩子的影响最深远，具有强烈的暗示和感染力量。比如，针对孩子拖拉的习惯，父母就要反思，自己在生活中是不是也有这种不好的习惯，干事情缺乏雷厉风行的态度，用自己的行动来教育孩子是最好不过的了。

2. 要让孩子自己承担后果

孩子做了错事，经常是由大人来帮助承担犯错的后果，使孩子觉得做错了也没关系，从而丧失责任心。比如，孩子经常自己不认真收拾书包，总指望大人帮忙整理，否则，到了学校总会发现落东西在家里。这种情况，家长给他讲清道理之后不妨"袖手旁观"，即便是到了学校发现作业没带，也不要主动给他送过去，受到老师批评是他自找的，要让他自己承担不认真整理书包的后果，不超过两次，他就会吸取这个教训，这样比父母唠叨10遍还要

管用。

3. 讲不通的时候，还可以用讲故事的方法引导孩子

孩子听大道理听烦了，还不如给他讲个故事有效果，故事的情节更吸引孩子，故事的结果让孩子自己去反省，这样也会有很好的效果。

总之，道理一遍又一遍说就变成了"唠叨"，孩子自然不爱听，甚至会厌烦、反感，"唐僧"父母一定要赶紧改变自己的方法，再好的道理不要进过三遍，让孩子真正体会吸收才是最终的目的。

认真倾听，找到孩子的心结所在

 家教现场

在某一次亲子交流课上，一个爸爸的讲话触动了大家：

丽莎放学一回来就躲在房间里不出来，今天难得她妈妈没有出差，早下班回来做了丰盛的晚餐，妈妈叫了几遍，见她还没出来，便说了她几句，她竟然跑出来对着我们俩大吼一通。妈妈气得回到卧室也不吃饭，我说女儿肯定是有心事，妈妈却嘟囔着："孩子能有什么心事？这孩子越来越不懂事，有什么大不了的事，回到家要跟父母发脾气？"

我想发脾气也解决不了问题，便进去陪女儿坐了下来，问她到底发生了什么事，也许是我这么一问，女儿伤心地哭了起来。她说："爸爸，我今天跟班上一个男生打架了。我承认是我先动手的，错误在我，但是我向他道歉了，那个男生还得理不饶人，一再地找我麻烦。后来老师把我们俩叫到办公室才解决了。等我们放学了刚要离开，那位男孩的妈妈来接他回家，那男孩就趁机污蔑说我骂他妈妈了。听到这话，她妈妈就用冷冷的眼神看着我，带着她儿子边走边说不要接近我这种没教养的女孩，不然就该学坏了。当时我好委屈，难过地想，要是你和妈妈在我身边该多好啊。"说完，女儿又开始哭了。

听了女儿的话，我赶紧劝导和安慰她，女儿的情绪渐渐平静下来了，但我心里却有了愧疚，她妈妈平时工作忙很少在家，更别说陪在女儿身边了，虽然这件事的表面原因是因为女儿受了委屈，但是她的心结其实真正的是希望父母能够多陪陪她。于是我和她妈妈商量尽量减少出差时间，只要有时间，就亲自接送孩子，陪着孩子，像朋友一样跟女儿交流，帮助女儿，不能碍于面子，放不下身段，甚至用不耐烦的口气责怪孩子。后来孩子不管在学校发生了什么事情，都愿意回家和我们一起分享，性格也慢慢变得阳光开朗起来。

好妈妈分析

大家都知道，人人都有郁闷伤感难以自抑的时候。孩子的心理承受能力比成人差，遇到问题时更容易表现出悲观的情绪，甚至有时候会委屈地哭泣，这种情况下，父母应当放下身段耐心地倾听孩子诉说，安慰孩子，帮助孩子找到影响情绪的真正原因，打开孩子的心结。案例中的父亲便是很好的例子，如果他这次也像妈妈一样忽略孩子心里真实的想法，可能以后的生活还是像以前一样各自忙碌，女儿的性格会变得越来越孤僻。

其实，父母和孩子双方都希望能寻求到这种友谊般的亲子关系，它能够提供足够的安全感，使我们在表达思想的同时也流露出感情。孩子开始哭或发脾气时，很重要的一点是父母要持续和蔼地倾听，亲切地留在孩子身边，温和地抚摸或搂住他，讲几句关心的话，但不要太多。假如你说话太多，你就会在这种"交流"中凌驾于孩子之上，不能倾听孩子的话。孩子把自己的情绪通过发火或哭喊发泄出来以后，会重新注意到你和周围的情况，他会感到释放之后的轻松，通过倾听找到孩子的心结之后，能在以后的教育中避免这种情况，这样非常有助于孩子身心健康成长。

好爸妈支招

许多父母发现，孩子在哭泣或者发脾气的时候会感到自己的世界已经崩溃，而此时父母向他传递的爱能达到最佳效果，当父母留在他身边，倾听他的诉说，不提任何要求，找到他的心结所在，他就很容易摆脱恶劣的心境，变得情绪快乐。

实践证明，要做好倾听，打开孩子的心结，应把握以下几点。

1. 要有诚心

要尊重孩子，在孩子还没有充分把意见表达出来之前，不要随意表态或乱下结论，也不要随便批评。在这个时候，父母的真诚和坦率显得尤为重要，否则，就会和孩子之间产生距离感，从而影响沟通效果。家长在倾听的过程中还要学会透过现象看本质，通过孩子的情态、身体语言等弄清孩子的话中话，知道其真正的心结所在，才能有的放矢地做好引导工作。

2. 要专心

每个孩子都希望自己在讲话的时候能够被重视，因此家长在倾听的时候一定要集中精神、态度端正，要真诚地注视着孩子的眼睛，不要在这个时候有打哈欠或者看手表、看电视等动作，否则，就会让孩子觉得家长心不在焉，懒得继续往下说。

3. 还需要有耐心

有时候孩子在表达的时候可能比较啰唆，语无伦次，这个时候家长要沉住气，控制好自己的情绪，静静地听孩子把话讲完，特别是孩子的一些观点不正确或者孩子情绪正激动的时候，更要耐心倾听。

如果家长能真正做到以上几点，相信就能真正和孩子建立起友谊般的亲情，能慢慢地走进孩子的内心世界，孩子的心结也会在我们的倾听中慢慢打开。

把批评做成糖衣炮弹

家教现场

东东最近爱上了玩游戏，特别是每次到了周末，玩得都忘了时间，打完一局还想玩一局，爸爸通常和他约定只能玩一个小时，可是东东最后总是以"还差一点""再给我两分钟"为由一拖再拖。对于爸爸的唠叨，东东也是听得都有厌烦情绪了。爸爸想来想去，想换种方式试一下，决定找个机会"表扬"一下他。

一个周末，爸爸的朋友带着儿子过来玩。爸爸和老朋友一起在聊天叙旧，东东带着小客人一起看书、画画，最后，东东觉得有点无聊，想和小客人一起打游戏。在征求爸爸的意见时，爸爸说："同意，但是只能玩一个小时。"老朋友却说："不可以。"

原来他的孩子打游戏上瘾，根本就无法控制时间，导致学习成绩快速下降，所以气得他把游戏机给锁起来了。

看着东东和小客人尴尬的样子，爸爸说："这样，让他们打一会儿吧，放心，我儿子能管得住自己，说一个小时就是一个小时，这样也算是一种调节放松。"

"好的，走喽。"

"记住，就一个小时！"爸爸特意嘱咐了一句。于是两个孩子高兴地上楼去打游戏了。

大概是有客人在，东东没有忘记爸爸的话，准时结束了游戏。爸爸当着客人的面说："你看，我说他还是挺讲信用的吧。"

送走了客人，爸爸表扬儿子："你今天真守信用，如果你每次都这样玩游戏，爸爸妈妈就不会担心了。"东东不好意思地说："好的，我以后一定做

到。"没想到，东东还真是说话算话，既保全了每周玩游戏的机会，也没有影响学习。

 好妈妈分析

从上面的案例可以看出，爸爸只是换了一种方式，给批评裹上了一层糖衣炮弹，效果就特别好，比以前磨破嘴皮子的批评还管用。

孩子的自我评判能力还没有大人那么成熟，所以他们的心里非常渴望得到表扬和赞美，通过别人的表扬和赞美，孩子能逐渐地形成对自我行为的评价，明白哪些事是对的，哪些事是错的。所以，带着糖衣炮弹的赞美既能让孩子自己认识到错误，也能对孩子自我评价的形成起到积极的作用。

不管是大人还是孩子，谁也不愿意受到批评，更何况孩子每天除了受到老师的监督，在家还要受到家长的唠叨，所以更会感觉心情烦躁。因此，教育孩子需要讲方法，批评孩子不能随意责骂，是需要花心思的。人们都说良药苦口，忠言逆耳，如果父母在批评孩子的时候能够在"良药"里面加一点"糖"，把忠言说得顺耳一点，孩子就会更容易接受，相信教育的效果也会更加显著。

 好爸妈支招

如果孩子不听话、不爱学习，爸妈大多很难接受，总是想着好好批评孩子一顿，但此时如果你换种方式，找个合适的机会给孩子贴上乖学生、爱学习的标签，孩子可能会因为你的积极评价而高兴，并为了保全自己的名誉而改正以前的缺点，努力使自己做个好孩子。这种批评方式既让孩子听得进去，也让孩子乐意去为自己而改变，而且家长也并不需要因为这件事情而向孩子大发雷霆，特别是针对那种"响鼓不用捶"的孩子，更是一种效果特别好的方法。

对于孩子身上的闪光点，家长应及时发现并及时表扬，在表扬中提出更高的期望、目标和要求，使之不断趋优趋善；同时，对孩子的批评也应及时果断，也要注意批评的方法，让表扬成为批评的外衣，从而收到事半功倍的效果。对于孩子的缺点和不良习惯，父母没有必要总是板着面孔一遍又一遍地进行说教，家长不妨给批评穿上一点表扬的外衣，照顾好孩子的感受，特别是自尊心，通过正面的引导让孩子自觉认识到自己的错误并不断进步，这无疑是批评孩子时不错的选择。

有问题时用分析的态度指出孩子的问题

家教现场

正值大课间，一位妈妈拿着一本书来到一间教室门口。一看便知道是女儿把书落在了家里，妈妈给她送来了。

妈妈抚了抚女儿的头发，温和地对女儿说："我早上收拾书桌的时候发现你的书本忘在家里了，没耽误你上课用吧？"

"老妈真好，你来得真及时，下一节课刚好要用到。我刚发现书本忘带，本打算与同桌合用一本呢。都怪我太粗心，昨天收拾的时候落下了。"女儿不好意思地说。

"妈妈也有责任，有时候做事也有点丢三落四的，没有给你做个好榜样，没有帮你养成好习惯。以后这些小事情一定要注意，提前将第二天的书本都收拾好，避免再出现这样的情况。"妈妈接过女儿的话茬说。

女孩的班主任说："这个女生是个很优秀的学生，不论什么事情，都善于做自我检讨，而不是指责、埋怨别人和环境，老师和同学都很喜欢她。"

是啊，这个女孩有这样的气度，和妈妈的自我批评、自我检讨是有很大关系的。

好妈妈分析

在我们的教育中，很多父母发现孩子的错误后，只习惯于指责孩子，比如像上面案例中，有些你母发现孩子忘了带书本，就会批评孩子说："你怎么这么粗心？""你能用点心在学习上么？"……这样的指责往往会让孩子的心情变得很糟糕，甚至可能会恶化亲子关系，阻碍亲子沟通，让孩子习惯将家长的批评当作耳旁风。

在平时的生活中，家长一向是习惯扮演管理者和审判者身份的，如果孩子出了问题，一定会居高临下进行审判和斥责。"家长都是为你好，难道会有错吗？"这是我们家长的惯性思维，这似乎是永恒的真理。然而，仔细想想，家长也是人啊，怎么就不会犯错，凭什么家长做出的判断就永远是正确的？凭什么以权威压制孩子，而借口只是孩子小，当然不如家长懂得多以及"自己吃过的盐比孩子吃过的饭还多"，等等。所以，很多家长都认为自己是没有错的，殊不知，孩子的很多错误根源都和父母有关，都是一点一滴积累而成的。

当孩子犯了错误的时候，如果父母能先检讨自己的做法和自己的教育方式哪里有问题，那么接下来的对话和对孩子的教育就很容易让孩子接受，也会有更好的效果了。就像案例中的妈妈，首先检讨自己平时没有做好，然后指教女儿以后要注意，这样孩子就会欣然地接受妈妈的批评。像这样的妈妈，培养出来的孩子一定会是一个有责任感的人。

好爸妈支招

孩子在平时的生活中难免会犯这样或那样的错误，家长在面对这些错误的时候，切忌不要一上来就劈头盖脸地一顿批评，不妨先从自己身上找找原因，先做个自我检讨，再和孩子一起讨论分析问题所在。这常常能让孩子获得心理平衡，使他感受到父母对自己的尊重和平等的态度。

事实上，孩子的很多问题，父母都有责任。如果父母能够坦诚自己的过失，孩子往往也能够主动认识到自己的错误，并乐意去改正。

当我们埋怨孩子注意力不集中，或者说孩子没有主见，或者孩子不知道认错时，请家长们检讨一下自己是否有如下现象。

（1）当孩子专注于做某件事时，家长们是否会时常提醒孩子这样或那样，打断孩子的思路？

（2）当孩子按照自己的想法专注地做事时，家长是否会时不时要求孩子按照家长的要求走？

（3）当孩子犯了错误的时候，家长是不是先批评一顿再说？是不是觉得孩子的错误都是他自己造成的？

如果没做好，就要先自我检讨。当孩子注意力高度集中时，当孩子做事情聚精会神时，千万不要去打断孩子，更不能一味地去唠叨指责，这样不仅会使孩子感到烦躁，引起孩子的不满，长此下去，还会使孩子的注意力分散，会导致孩子学习粗心、依赖性强，或者是边写边玩等现象。面对孩子的错误，家长要先从自己的角度做自我批评，孩子自然也会认识到自己的错误，这样可避免孩子对批评产生抵触情绪。因此，要做成功的父母，在批评孩子前，父母最好先做自我批评。这样，孩子才更愿意听取父母的批评意见。

第四章

不断拉近和孩子的距离

装装糊涂，别跟孩子较劲

 **家教现场**

周末的时候，妈妈带着7岁的贝贝在楼下和几个小朋友玩。这几个小孩子都住在一个小区里，所以只要有时间，就天天在一起，关系很好。他们一会儿玩扔小石头，一会儿玩躲猫猫，开心得不得了。

忽然一个孩子跑过来对我说："阿姨，我忽然想起来一件事。昨天我带下来一把小手枪，后来玩着玩着就再也找不到了。"可能这个小孩看到我是在场的唯一大人，所以告诉我，想向我求助吧。"昨天你们还去别的地方玩了吗？是不是丢在别的地方忘拿了？""没有啊，我们一直在这里玩，也是我们这几个人一起。我们几个都很喜欢这个玩具，每个人都玩了一会儿，后来就玩忘了，但是我走的时候也没见地上有小手枪啊。"我想，按道理，这个地方并不大，不至于丢了没看见啊，是不是哪个孩子觉得太喜欢而带回家了呢？按照他的描述，这个小手枪并不大，很容易揣在衣服里的，但是我觉得这么小的孩子不应该就去定义他们为"偷"。于是我说："是不是谁玩忘了，顺手就带回家了呢？或者被小狗叼到另一个地方了。要是小朋友喜欢别人的玩具，一定要跟玩具的主人说一下，在征求主人同意的情况下才能借回去玩哦，要不然，玩具的小主人该多着急啊。"

"妈妈，我想喝水。"正在这时，贝贝说渴了，要回家喝水。妈妈一下子好像明白了几分，赶紧对贝贝说："爸爸在家，你自己喝了再下来吧，我在这里等你。"果然没过几分钟，贝贝拿着那把枪回来了，他高兴地对着小伙伴说："我找到这把枪了，在我们楼下的那个花坛里，肯定是小狗叼过去的。"小伙伴们一下子又高兴地玩起来。

本来妈妈想带着贝贝回家教训一顿，后来想想，既然孩子认错了，何必再和孩子较劲呢，弄不好还会给孩子留下阴影，认为自己就是个"小偷"，不如装装糊涂，让他自己意识到错误，以后不再犯就可以了。

好妈妈分析

在面临孩子犯错时，父母都喜欢和孩子讲道理、较劲，这样很容易激起孩子的逆反心理，影响亲子感情。尤其是在孩子犯倔的时候，家长更应该退让一步，回避一下，用冷处理的方式避免冲突，也给孩子一个冷静思考的机会。案例中的妈妈如果回家对贝贝数落一顿，不许孩子再偷东西，这样不仅会影响亲子关系，而且会让孩子觉得自己这么小就被贴上了"小偷"的标签。拿别人的东西固然不好，但这个年龄的孩子还没有真正形成"偷"的意识，只是喜欢想暂时占为己有而已，看到孩子自己也认识到错误并改正了，妈妈也就装糊涂让事情过去了。

生活中有些父母特别喜欢坚持自己的看法，当孩子不同意、不听话、不顺从的时候，就和孩子争执，或批评孩子，非要让孩子对自己"俯首称臣"不可，这样和孩子较劲的做法不但不能奏效，反而会让家庭教育变得困难起来，使孩子与父母之间的距离也变得遥远。

站在孩子的角度上看问题，父母为了一点点小事而对孩子发脾气、训斥孩子，都会让孩子觉得十分沮丧，也很容易激起孩子的逆反心理。这样一

来，双方各执一词，带着对抗情绪一直较劲下去，结果只会把小事闹大，不但影响孩子与父母之间的感情沟通，也不利于孩子的身心健康发展，与其这样，不如装装糊涂，让孩子自己去发现错误。

好爸妈支招

当孩子犯倔时，家长往往会很恼火，喜欢用家长的权威管孩子，跟孩子较劲，但这样做非常糟糕。相反，如果做家长的变恼怒的较劲为温和的对话，就容易让孩子心悦诚服地接受。

所以，在面对孩子犯错时，如果孩子认识到自己的错误，也愿意去改正，家长切忌不依不饶地对孩子责骂，而要退一步，装装糊涂，看着孩子自己去改正。如果在孩子不能分辨是非选择错误的时候，家长可以用自己的行为潜移默化地影响孩子，让孩子不自觉地跟着家长往正确的方向前进，这种教育方式要比跟孩子较劲、训斥孩子效果要好得多。

如果孩子犯错而不知悔改，父母该批评的时候还是要批评，但是批评需要讲究方法，不然会很容易伤害孩子的自尊心，使孩子有逆反心理。如果父母能够先对孩子的优点予以肯定和表扬，然后再指出孩子的错误和不足，孩子的自尊心得到了满足，自然乐意接受批评，改正错误。

郑板桥的那句名言"难得糊涂"，在家庭教育中是再合适不过的！做家长的有时还真得装装糊涂，别跟孩子太较劲！

孩子的事情要征求他们的意见

家教现场

崔红的爸爸妈妈工作都很忙，经常出差。不巧的是，这次爸爸妈妈的出差时间都赶在了一起，爸爸妈妈经过商量后决定，把崔红送到爷爷奶奶家待一段时间，等出差回来了，再把崔红接回来。

晚上爸爸对崔红说："明天放学后，我们要把你送到爷爷家里住一段时间。你一定要听话乖巧，不要惹爷爷奶奶生气，知道吗？"

听到爸爸的话，崔红很是吃惊，接着就大声地抗议："为什么要把我送到爷爷家，我不去！""不去不行，这段时间我和你妈妈都要出差，没有人照顾你！"爸爸生气地对崔红说。"为什么你们不问问我愿不愿意去呢？我不想去爷爷奶奶家里，我想去姥姥家。"崔红难过得快哭了。

"去哪家不一样啊？""可是……""有什么可是的，就这么定了！"还没等崔红说原因，爸爸就打断了她的话，爸爸觉得崔红太不懂事了。

第二天，崔红果然就被爸爸送到了爷爷奶奶家里，崔红心里特别不高兴，其实昨天她只想告诉爸爸，去姥姥家上学能稍微近一点，为什么爸爸妈妈就不能听听她的意见呢？

好妈妈分析

很多父母会像崔红的父母那样，很随意地就替孩子作出决定，而不问孩子的意见，甚至也不允许孩子发表意见。这种做法是不可取的。因为很多时候，孩子的意见也可以起到很重要的作用，甚至是决定性的作用。因此，父母不应该无视孩子的意见。

一个家庭总会有各种各样的大事小情，这些事情有的关系到个人，有的则需要全家来一起面对。当然，生活中有些成人的事情是不必让孩子知道的，但是对于有些事情，作为家庭成员的孩子，完全具有对其提意见的权利。孩子生活在一个很单纯的世界里，有时候很难理解家长的做法。但是不能因为孩子不理解、不大懂，家长就忽略孩子的感受，不询问孩子的想法就作出决定，这样很容易伤害到孩子。尤其是在涉及孩子自身事情的时候，父母更应该多听听孩子自己的意见，毕竟自己的事情自己最有发言权。而对于家庭共同面对的事情，父母也要综合包括孩子在内的所有家庭成员的意见，

才能最后下结论。

 好爸妈支招

孩子是家庭中的一员，很多家长在决定一些事情尤其是一些重要的事情时，往往把孩子排斥在外，他们经常对孩子说："去，去，到一边去，爸爸妈妈商量大事，你小孩子不懂。"殊不知，有时候，孩子的意见也非常重要，甚至能对整个事情产生重大的影响。

1. 父母要善待孩子的参与权

孩子也是家庭的一个成员，对于需要整个家庭共同面对的问题，孩子应该也具有参与讨论和做决定的权利。也就是说，孩子也具有家庭问题参与权。

2. 父母要鼓励孩子有自己的看法

父母在征求孩子的意见时，不是简单地询问孩子"是不是"或者"好不好"，而是应该让孩子将自己心中所想的说出来，让孩子对一件事情做出一个完整的建议。而且父母应该多鼓励孩子，让他多参与到事件的讨论中来，让他们说出自己的不同见解，这样也是对孩子思维能力和语言组织能力的一个锻炼，可以让孩子养成勤于思考，并且善于发言的好习惯。

3. 父母要正确对待孩子的不同意见

所谓"各抒己见"，就是指各人能充分发表自己的意见。对于孩子也是一样，父母要正确对待孩子所说的不同于家长的意见与看法。若是孩子的意见有可取之处，父母应该表现出赏识与尊重，并对孩子进行鼓励和支持；若是孩子的意见并不能起到什么作用，父母也不要对孩子的话置之不理，除了要尊重孩子的意见之外，还要让孩子明白他的意见究竟不妥在哪里，这样也可以提高孩子分辨是非的能力。还有很重要的一点，就是对于孩子的反对意见，父母切记不要因为是孩子，而且又是反对的声音，就对其意见彻底忽略，也不要对孩子的这种意见进行讽刺与阻挠。父母可以与孩子进行有针对性的争论，通过商量和交流，最后找出一个解决方法。

接受和孩子之间的代沟，尽力缩小

家教现场

莹莹的妈妈工作很忙，经常不是加班就是出差，莹莹一直由爷爷奶奶照顾，在莹莹从初一至初三的这几年时间里，妈妈很少有时间陪她过周末和节假日。

眼看着莹莹进入高中了，妈妈决定暂时将工作先放一放，陪着女儿度过这最关键的三年。经过几天的观察，妈妈发现，莹莹现在对学习有点漫不经心，也听不进去自己的意见。相反，在空余时间，莹莹经常听一些妈妈都没听过的歌曲，有时候说的一些词语妈妈都没听说过。虽然妈妈有了更多的时间陪莹莹，但是却发现母女之间没有什么共同语言。妈妈想可能这就是所谓的"代沟"吧。

妈妈查阅了有关这方面的资料，决定先从改变自己开始。妈妈首先开始每天不仅关注各种新闻，也关注女儿比较感兴趣的一些内容，比如，她喜欢的明星、歌曲等，同时也对高考的一些动向做一些随摘笔记，还买了一些有关和子女沟通技巧的书等。总之，只要和孩子有关的内容，妈妈都会关注。

经过一个月的时间，妈妈和莹莹的话题不再仅限于学习了，当吃饭时莹莹提到哪个明星出新专辑了，妈妈也能针对专辑里的主打歌聊上几句，也会对这个明星付出的努力表示赞赏，这样，妈妈在莹莹的眼里逐渐变成了与时俱进的"时尚辣妈"。慢慢地，莹莹在妈妈面前变得无话不谈，妈妈也会巧妙地在聊天中给女儿提一些建议。在遇到问题时，莹莹也会说出自己的想法，和妈妈一起商讨最好的解决办法。

好妈妈分析

代沟是指孩子在慢慢长大的过程中所形成的思想观念和行为习惯等和父母原有的观点渐渐背道而驰而产生了很大的差距。孩子的世界与成人的世界截然不同，一味蛮管，就会引起孩子的反感。案例中莹莹的妈妈就做了一个很好的榜样，当她面对这个问题时，并没有强制去管教孩子，而是从心里接受了和孩子之间的代沟，通过不断地学习、改变沟通方式等缩小和孩子之间的距离，从而让亲子教育变得更轻松。

随着孩子年龄的增大，他们会产生强烈的独立意识，认为自己已经长大，反对父母的关心和照顾。身体的迅速成长使孩子获得了力量和勇气，但是父母认为他们依然是"孩子"，还处于被保护的阶段，父母没来得及接受孩子已长大的现实，依然按照原来的想法发表自己的见解，这种见解必然和孩子正在快速成长的思想发生碰撞，于是代沟就形成了。

其实有代沟并不是一件坏事，反而代表了一种进步，只有在这个进步的社会中才会出现这种现象。而孩子应该完成的使命是建立自我、完善自我。当孩子和父母意见不一致时，表示他们有自己的想法，只要有道理，父母都应该帮助他们建立正确的价值观。因此，父母要学会接受和孩子之间的代沟，然后尽力去缩小代沟，而不是强制孩子放弃自己的想法。

好爸妈支招

随着现代社会生活步伐的提速、竞争压力的加大，父母常常由于工作忙碌，无法静下心来倾听孩子的声音，从而导致孩子与父母之间缺乏沟通，产生"代沟"。那么父母应该怎么来面对这种代沟呢？

1. 父母要理解尊重孩子

被尊重和被关爱是人的基本心理需求，当一个人觉得被理解、被尊重的时候，他的内心是温暖的、安全的、放松的，没有疑虑、没有孤独感。因此，

"理解、尊重孩子"能够有效地拉近父母与孩子之间的心理距离，缩小"代沟"。

2. 父母要倾听孩子的心声

一些父母对孩子的要求是要听话、顺从，不得有异议和争辩，否则，就是没大没小、无法无天。在这种家庭环境中成长的孩子，几乎没有任何发言权、参与权和选择权。这些做法严重地伤害了孩子的人格和自尊心，最好的方式是父母多听听孩子的想法，也许孩子从另外一个角度考虑问题的方式是正确的。

3. 父母要把自己的真实想法告诉孩子，也就是做好沟通工作

父母在与孩子说话时，要准确地向孩子传达出内心的想法、愿望，使孩子能够感觉到父母的"批评""教育"中所包含的关爱和善意是非常重要的，这可以减少由于父母"言辞不妥"引发的孩子的抵触情绪。

4. 父母自己也必须不断地学习，要跟上时代的发展，适应社会的潮流

只有这样，父母才能更好地理解孩子，更容易与孩子沟通，避免代沟的出现，或缩小与孩子之间的"代沟"。

总之，有代沟不可怕，可怕的是父母不愿意接受这个代沟，不愿意去和孩子进行良好的沟通。父母在改变自己的过程中，不仅可以和孩子总结自己成功与失败的经验，还可以表达自己的计划与展望，这本身就是对孩子最生动的人生教育，反过来也是对父母自身的鼓励，这样更有助于代沟的化解和隔阂的消除。

认同孩子的感受，然后加以引导

家教现场

下班回到家，梓祥向妈妈抱怨："上学真累！"恰好这天妈妈在工作上

也遇到了一点不如意的事，心情很糟糕，看到孩子抱怨，就更来气："你说什么？上学累？衣来伸手，饭来张口，比我上班还累？我工作一天了，还要回来洗衣服、做饭、收拾卫生，还要陪你先写作业，我还没抱怨呢。"梓祥听完妈妈的话，很沮丧地回了房间。看着孩子的背影，妈妈顿时也觉得自己刚才说的话不合适，心里有点后悔。

又有一天，梓祥闷闷不乐地回到家里，扔下书包便自言自语地抱怨上学好烦，妈妈想起了上次发生的事，便想换一种方式来处理。听完梓祥的抱怨，关切地回答："哦，为什么会觉得上学烦呢？"

梓祥坐下来向妈妈诉苦："今天的数学课上，有一道难题弄得我可郁闷了，想了半天也没想出来。"

"然后呢？"

"课后我请教了老师，现在勉强能搞清楚了！"这时梓祥的神情变得轻松起来。

妈妈听完梓祥的话，赞同地点了点头，对儿子说："是的，随着年级越高，肯定功课会越来越难，这样会弄得自己心情很烦躁，妈妈当初也有和你一样的感受。谁都有遇到困难的时候，但不能因为遇到难题吃力了，就开始反感上学了，你今天做得就很好，不懂的时候，可以问问老师，同学，不就解决问题了嘛。"听完妈妈的话，梓祥顿时觉得轻松了，高兴地回到屋里做功课了。

好妈妈分析

梓祥的妈妈两次不同的态度带来了两个截然不同的结果。第一次妈妈把注意力仅仅放在孩子抱怨的行为上，对孩子说了一些气话，结果弄得母子都不开心。而第二次妈妈改变了方式，把注意力放在孩子抱怨背后的感受上，她先是认同了孩子的感受，然后对孩子进行了正确的引导，让孩子的愤怒得以顺利宣泄并调整好心态，结果孩子马上就调整好自己的情绪，接受了妈妈的建议。因此，以后父母在面临类似问题的时候，不妨站在孩子的立场想想，先对孩子的情绪给予理解，在安抚好孩子的情绪之后，再进行引导教育。

其实我们大人也会有情绪失控的时候，当时我们希望得到的是什么呢？是被别人斥责，还是接受一大堆的道理？都不是。我们最希望得到的是他人的理解和认可，否则，我们听不进去任何意见。孩子也是如此，但是大多数家长却做不到这一点，遇到这种情况，父母要么认为孩子是身在福中不知福，要么试图对孩子说教，甚至训斥孩子，还有的家长认为孩子是在胡闹。事实上，家长的这种态度只能让孩子的情绪越来越坏，而不利于亲子之间的沟通。当孩子向父母抱怨和诉说时是因为信任，此时父母若能认同孩子的感受，孩子就会觉得父母能理解自己，是值得信赖的朋友。

好爸妈支招

由上面的分析我们可以看出，孩子在遇到问题时，最需要得到的是家长的认同和接纳，而不是父母过多的说教。所以，家长要想与孩子保持良好的沟通，首先应该做到的是认同他们的感受，等他们的情绪平静下来以后，再对其进行思想引导和家庭教育。

当然，抱怨归抱怨，发泄归发泄，家长并不希望孩子今后遇到不如意的事情时依旧只会抱怨、唠叨，相反，是希望孩子能够学会管理自己的不良情绪。所以，抱怨、发泄之后，家长要对孩子言归正传，可以给孩子讲讲自己曾经如何解决此类困难的事情，也可以根据家长的经验给孩子提出建议供孩子参考，或者和孩子一起分析导致失败的原因，等等。总之，家长要心平气和地跟孩子谈谈如何应对不如意的事情，这样才能真正地帮到孩子。

因此，如果父母真想在孩子遇到问题时帮助孩子，那就应该充分认同尊重孩子的感受，要先对孩子表示理解，然后再提出建议或意见。当父母对孩子的困境表示理解和同情，又说出了孩子郁闷的原因时，孩子就会获得前所

未有的安慰和鼓励。

对逆反的孩子，有原则地示弱

　　沈鹏今年14岁了，最近受到电视里面一些偶像剧的影响，总喜欢穿一些奇装异服，虽然爸爸已经禁止过好几次了，但是并没有什么效果。

　　一天吃过晚饭，沈鹏突然对爸爸说："我想把头发剃成双条式。"爸爸心里根本就不喜欢这种发型，本来想制止，但一想到之前反对儿子穿奇装异服并没有任何作用时，爸爸准备改变一种方式。爸爸知道孩子这一阶段有点逆反，容易和父母作对，既然发型不危及生命和健康，而且头发也会很快长出来，那就让他自己醒悟去吧。于是，爸爸对沈鹏说："我不喜欢你说的这种发型，不过，这是你的决定，我会尊重。"爸爸的态度让沈鹏很吃惊，本来以为爸爸肯定是不会同意的，没想到爸爸直接带着沈鹏到了发廊。

　　美发师在给沈鹏洗头的时候还评论说他的头发发质真好，很漂亮，但听到沈鹏描述想剪的发型的时候，美发师惊奇地问沈鹏的爸爸是不是真的。爸爸回答，他并不喜欢那种发型，但那是他儿子的决定。

　　就这样，美发师按照沈鹏的要求理好头发，并尽量使这种发型在当时显得好看。可是到了第二天早晨，沈鹏对那个一边倒的头发就无能为力了，怎么弄都不好看，后来没办法，让他的姐姐喷上发胶才算勉强能出去见人。

　　过了几天，可能沈鹏听到了太多关于他发型不好看的声音，于是他主动到理发店换成了传统发型。

✏ **好妈妈分析**

　　随着孩子慢慢长大，他们会有更多的想法和主张，如果此时父母仍然一味地强迫孩子做事，很容易让孩子产生抵触情绪，使他越来越叛逆。对于孩子的叛逆，父母多是想着如何去纠正，如何从父母的角度来"帮助"孩子。其实，在面对孩子逆反的时候，父母有原则示弱一下，可能会起到意想不到的效果。比如，案例中的爸爸在面对孩子想留异发的问题上如果采取和以前一样的反对态度，可能会导致孩子产生"你越不想让我干，我就越想干"的心理，而这一次，爸爸没这么做，他觉得这件事情没有原则问题，巧妙地示弱了一次，让沈鹏自己去认识自己的不合适，从而避免了一次亲子矛盾。

细心的家长会发现，当孩子慢慢长大后，就开始变得特别爱面子。如果家长再像以前那样大呼小叫，肯定会惹孩子不高兴，甚至会和家长唱对台戏，这都是孩子逆反的具体表现，他们试图通过这种反抗来确立自己的地位和身份，来证明自己的实力。而且，孩子往往将这种挑战的对象锁定在自己最亲近的人，也就是父母身上。其实，父母对孩子在成长过程中出现的这种叛逆不要过于敏感和紧张，在不违背原则的情况下示弱一次，让孩子自己去醒悟，可能会收到不错的效果。

好爸妈支招

为什么孩子会很逆反呢，简单地说，这是控制与反控制的关系。家长总是从自己的角度出发，按自己的方式去要求孩子什么能做、什么不能做。随着自我意识的增强，孩子对家长已经习以为常的控制就会产生排斥感，就会希望按照自己的思想去做。孩子的叛逆其实是必经的成长过程，父母不要认为孩子叛逆就是一种病，希望彻底"治"好孩子的叛逆，让孩子变得言听计从，这是不对的。那么当孩子有了逆反心理的时候，父母应该怎么做呢？

1. 父母要尊重孩子，不要总对孩子说"不"

当孩子产生自我意识之后，他们希望自己和大人有平等地位，对大人的要求也会选择性地接受。此时，父母对孩子的行动不要轻易干涉。只要孩子的想法没有违背道德、不具有危险性，那就向孩子示弱，尊重孩子的想法，

让孩子放手去做。如果确实需要孩子顺从父母的想法，父母也不要用强制式或命令式的口吻对孩子说话，而是要以平等的姿态征询孩子的意见。

2. 父母要多理解孩子

每个孩子不仅渴望父母能照料自己的起居，更希望父母能理解自己的想法和行为。在充分了解了孩子的想法之后，父母可以对孩子的一些不正确的判断进行修正。孩子如果感觉到父母的态度是诚恳而且和蔼可亲的，对自己是理解的，孩子自然也会乐于接受父母的意见。

如果父母能认真地做到以上两点，以后在处理孩子逆反问题的时候就不会没有章法了。

给孩子讲讲自己身边的趣事，让孩子讲讲他身边的趣事

家教现场

7岁的琪琪晚上在床上翻来覆去地睡不着觉，于是就让妈妈给她讲故事，妈妈说："那我给你读故事书好不好？"琪琪摇摇头："我想听妈妈的趣事。"

"好，那我就讲一个前几天刚发生的事吧。"

"那天送你上幼儿园回家后，我看时间还早，就坐着看了一会儿电视，可哪知，一看就忘了时间。等我一看时间，离上班时间只有20分钟了，也就是说，我得一分不停地快蹬自行车才能准时到单位。"琪琪饶有兴趣地听起来。"于是我抓了手机往包里一塞，再从冰箱把昨天装好饭菜的饭盒一拿，就噌噌噌地骑车走了。"

"后来迟到了吗？"琪琪迫不及待地问。"我一路蹬啊蹬啊，等我气喘吁吁地赶到单位的时候，刚好准时9点，再慢一分钟就迟到了。"琪琪听了帮我舒了一口气。"可是当我坐到办公桌前打开包想拿出手机时，我傻眼了，

这哪是手机啊，明明是空调的遥控器啊。"琪琪听了哈哈大笑起来："妈妈，你是不是觉得都是白色的没注意啊？""是啊，你看一着急就出错了，可是还有更让妈妈哭笑不得的事情呢，等妈妈中午去热饭的时候，一打开饭盒，发现里面装的是两个土豆。"琪琪听了笑得都喷出来了，原来冰箱里有两个饭盒，妈妈拿的刚好是昨晚准备多了的两个土豆。"妈妈中午只好去外面吃饭。你看，妈妈一着急就出了好几个错，所以，我们以后一定要提前做好准备工作，要把时间掐得准准的，否则，忙中容易出错。"

"嗯，上回我们有个同学也是，一着急把她妈妈的学习材料当成她的书给装进书包了。"琪琪也想到了她同学发生的类似事情，满怀兴致地和妈妈讲起来。"以后我们做事情不能拖拖拉拉到最后的时间再去做哦，要不然容易出错。""嗯，我知道啦。"琪琪懂事地躺在床上点点头，慢慢地进入了梦乡。

好妈妈分析

每个人都渴望和别人交流，孩子也一样。每个孩子都愿意把自己身边的小事、大事都拿来跟父母分享，同时也会对父母讲的趣事感兴趣。在孩子成长的过程中，孩子最黏的、最想说话的人便是父母，如果父母每晚抽出10分钟，耐心地和孩子一起分享身边的趣事，那么将会很容易地拉近和孩子的距离，同时，父母也可以借着这个机会把那些空洞的道理融入趣事中去。就像案例中的琪琪妈妈一样，通过给孩子讲自己的趣事，不仅让孩子也兴致勃勃地和自己交流起来，也在无形中教育孩子做事情要提前做好充分准备，不要踩着点完成任务，这样容易出错。

随着孩子年龄增大，孩子的思想越来越丰富，内心极其渴望得到父母的认同，希望父母将他们视为朋友而不是父母的附属品。如果父母将身边的趣事讲给孩子听，不仅能够满足孩子的内心需要，使孩子获得一种尊重感，而且能拉近与孩子的距离，走进孩子的内心世界，孩子在兴奋之余也会将自

己身边的事情拿过来和父母分享。当然，父母在给孩子讲趣事的时候最好有目的性，比如，希望孩子通过这件事情得到什么样的道理或者吸取怎样的教训，这样才能达到教育和引导的目的。

好爸妈支招

孩子的喜怒哀乐一般是不会藏在心里的，当孩子有话想跟父母说时，此时父母一定要放下手中的活儿，放下手中的报纸，停止过多地唠叨，听听孩子想说些什么，让孩子知道父母在认真倾听。只有这样，才能获得孩子的信任，也才能了解孩子的内心世界。而且父母不妨在倾听的过程中，不时点点头，面露喜悦之情，并传递一些回应性语言"嗯""要是我也会这么做的"等来显示父母对他们的关注。同时，父母也可以讲出有关自己的趣事来"回馈"孩子，这样孩子就会觉得非常开心。

当然，在父母与孩子分享故事的时候要注意，如果孩子年龄较小，在他们看来一些有趣的事情极有可能是一些恶作剧或闹剧，此时父母绝不能陪着孩子一笑了之，而是要在分享完快乐以后，帮助孩子分析这件事情，引导孩子做出正确的判断，让孩子在头脑中形成正确的是非观念，避免此类闹剧发生在孩子身上。

因此，父母要珍惜和孩子在一起讲故事交流的时间，因为这个时候恰恰是孩子敞开心扉最信任父母的时候，也是教育孩子的最好时机。

孩子有了进步，父母不能无动于衷

家教现场

秦女士的女儿正在读小学四年级，前不久学校进行了一次数学测试，老师让女儿将试卷带回家给家长看。女儿让她看试卷时还卖了个关子，让她猜猜多少分。尽管估计孩子这次考得不差，但让她没有想到的是，孩子竟然考了100分！这可是女儿第一次获得这么好的成绩。

肖女士激动不已，数学一向是女儿的弱科，平时考90分以上就已经很不错了，秦女士拉着女儿的手说："妈妈祝贺你！你这段时间的努力没有白费，你看通过你的努力，数学没有再拖你的后腿了吧？妈妈真为你高兴！"女儿也高兴地亲了亲妈妈。

妈妈说："你看你这次取得了这么大的进步，我们一定要好好奖励你一下。接下来的暑假，妈妈打算带你去旅游，你想想去哪里玩呢？"

女儿听了更开心了，"我一直就想去北京，我想去看看北大、清华的校园。"

"好啊，那咱就去北京，好好地放松放松，刚好你也可以去感受一下北大、清华的文化。"

好妈妈分析

孩子在成长的过程中会取得各种大大小小的进步，他们会将自己喜悦的心情和父母一起分享，此时，父母对于孩子的进步不能无动于衷，而要和孩子一起分享这份喜悦，并针对孩子的进步做出适当的奖励。案例中的秦女士就做得很好，她在为女儿的进步感到高兴的同时，也明确地告诉了孩子为什么要奖励，这样做才会更好地激励孩子。

孩子取得进步或有好的表现是件令人高兴的事情，孩子也会在第一时间将自己的愉悦心情和父母分享，如果此时父母表现出不在乎或者熟视无睹的话，就会挫伤孩子的积极性，孩子就会觉得自己的努力白费了，长此以往，孩子就没有了努力的激情，甚至即使有了进步，也不愿意和父母分享，这样不仅会影响孩子身心健康地发展，而且对亲子关系的建立也会有副作用。因此，在孩子向父母说起自己进步的时候，父母要和孩子一起分享这种喜悦，并对孩子的进步有所奖励。当然，奖励的方式有多种，可以是精神鼓励，也

可以是送孩子一个小礼物，或者带孩子出去玩一次，等等。

当然，过多的奖励会使孩子造成奖励依赖，经常得到奖励的孩子容易自我陶醉，而且也容易因为一点小小的失败就放弃努力，他们担心失败，害怕冒险。所以奖励应有度，奖励的同时应该指出孩子努力的方向，使孩子建立自信心。另外，奖励还要与孩子的实际努力相一致，如果对孩子解决较容易的问题大加奖赏的话，反而会导致他们自卑，因为受到这种奖赏，会使他们认为是无能的标志。

好爸妈支招

孩子有了进步是值得高兴的事情，家长在这个时候给予适当的奖励无疑可以增强孩子的信心，但怎样奖励孩子，却让很多家长为难，奖励学习机、金钱，还是美食，让很多家长犹豫不定。奖励过多，怕适得其反；奖励过少，又担心孩子会以为家长不重视他们，那么如何对孩子的进步和成功进行奖励呢？

1. 可以是精神奖励，认同孩子的努力是最好的激励

父母可以对孩子为进步而付出的努力表示赞扬，为孩子取得的进步感到高兴。也可以在家里或在关心孩子的熟人中间，当着孩子的面褒奖孩子的努力，这是一种独特的奖励方法，大家所谈的一切会给孩子良好的影响，使孩子感到无比愉快并深受鼓舞。

2. 可以有适当的物质鼓励

比如，可以送孩子一本书，或者一个心仪已久的玩具，等等。不过家长应该注意，对孩子奖励时，要让孩子知道是因为自己的努力取得了进步或者是因为孩子做事情的态度才会获得奖励，而不是仅仅奖励结果。因为通过努力学习而得到奖励的孩子，更容易关注自己成功的过程，也会更留意如何想方设法解决困难，即使失败了，也能继续保持学习的热情。

因此，在孩子取得进步时，父母不能无动于衷，要给予孩子一定的奖励。而父母在奖励孩子时不宜单纯为了奖励而奖励，要让孩子明白对他的奖励绝不是因为他做的事情本身，而是奖励他做事情的态度，只有这样，奖励产生的激励作用才会持久。

蹲下来和孩子说话，父母要表现出自己的诚意

家教现场

今年暑假，爸爸妈妈想带小杰回老家待几天，可是小杰一想到要到一个陌生的地方去，心里就有些不愿意。到了火车站门口，小杰硬拽着妈妈的手不愿进火车站候车厅，妈妈见状生气了，很严厉地训斥起小杰来。小杰则在一旁低头不语。妈妈看孩子这样，更加来气了，大声地对孩子说："你抬起头来，听我说话！"小杰还是不理。

正在这时，小杰的爸爸取下行李走过来。看到这样的情景，爸爸蹲在孩子面前，看着小杰的眼睛，低声地对他说："爸爸知道你是个听话的乖孩子，你是不是担心去那里没人陪你玩啊？"小杰点点头。

"你忘了大伯家有个平平哥哥啊，原来在视频里你不是见过吗？还有个比你小1岁的弟弟，他们都会和你一起玩的，那你现在告诉爸爸想不想去和他们玩啊？"

"想！"小杰很高兴地回答道。"要想去和他们玩，我们就要坐火车，那你说我们现在该怎么办？"小杰想了一会，说："我们现在要先进火车站。""对了，我们坐火车要先进站，要等火车开过来，那我们现在先去候车厅等，好吗？"小杰很愉快地接受了，和爸爸妈妈手牵手进火车站了。

好妈妈分析

在上面的案例中，父母二人采取了不同的方法对待孩子的问题，结果

起到了不同的效果。父亲采取蹲下来的姿态，和孩子是平等的，孩子觉得爸爸是理解他的，自然就收起了敌对情绪，认真思考爸爸所说的话；而母亲则采取居高临下的训斥方法，孩子看到妈妈气势汹汹的样子，会感到压抑和恐惧，有话也不敢说出来了。

"蹲下来和孩子说话"，虽只是一个细微的动作，但它是父母对孩子尊重的直接方式。父母与孩子在身高上相差几十厘米，从年龄上讲存在"代沟"，"蹲下来和孩子说话"，是把孩子看成一个需要尊重的独立个体，是拉近父母和孩子心灵距离的最好方法。众所周知，只有两头高度差不多，水才有可能在中间的管道里来回流动，如果一头高，一头低，水就只能往一个方向流了。孩子与父母的交流也是相同的道理。蹲下来和孩子说话，父母与孩子才有可能平等地交流。孩子希望父母能和他们交流，希望父母不是以高高在上的姿态，而是以一种平等的方式进行朋友式沟通。只有平等，才能使孩子敞开心扉，与父母坦诚相待；只有平等，才能让孩子健康地成长。

其实，如果父母肯放下自己的架子，蹲下来和孩子说话，孩子会很愿意敞开心扉向父母诉说的，因为孩子看到了父母对自己的诚意。那样父母就能走进孩子的内心世界，及时发现孩子存在的问题和独特的想法，就能给孩子提供恰到好处的指导和帮助。

好爸妈支招

父母不能因为孩子人小、需要成人照顾，就把他看成自己的附属品，要受自己的支配。孩子和父母一样，也是一个完整、独立的个体，有自己的世界、自己的空间，需要被尊重。现在越是平等民主的家庭，教育出的孩子就越开朗自信。平等不意味着不尊重父母，而是在爱的前提下尊重每个人的意见。如果父母都不尊重自己的孩子，又怎能指望孩子成长为一个自尊自爱的人呢？所以，"蹲下来和孩子说话"代表的不仅仅是一种态度，更是一份平等交流的诚意。那么，父母怎样才能真正做到平等地和孩子说话呢？

1. 父母在和孩子说话时，要注意用语

有些父母与孩子说话的时候，常常使用命令的语气，像"你为什么不……""你必须……"，这些话难免让孩子产生逆反心理。如果父母发现孩子做得不好，可以给出一些委婉的建议，像"如果""不妨""试一试""或者"等。当然还要注意不能说伤害孩子感情的话。

2. 家里定时召开家庭会议

在家庭会议上，父母可以鼓励孩子说出心里的想法，让孩子和成年人一样参与家庭讨论。虽然有时有些事务与孩子没有关系，但成年人可以和孩子说说自己内心的感受，让孩子和你一起分担。这样孩子就会觉得自己是承担家庭责任的重要一员，能增强孩子的独立和责任意识，也让孩子觉得自己是被尊重的。

总之，父母要摒弃高高在上的心态，遇到事情时蹲下来和孩子说话，表现出自己的诚意，从孩子的角度和思维方式来理解孩子，这样亲子沟通就会容易很多。

和孩子讲讲自己小时候的趣事

 家教现场

又是一个周六晚上，8岁的皮皮在床上翻来翻去，就是睡不着，因为他还沉浸于白天在水上乐园玩耍的兴奋中。于是皮皮拉着爸爸的手非得让他讲故事。

爸爸又和往常一样，讲起了书上的童话故事，可是皮皮不买账，说："我不想听那个童话故事了，要不你给我讲你小时候的故事吧，比如你们小时候有没有像今天一样在水上玩过呀？"看来皮皮还忘不了白天呢。"我们小时候哪有这条件啊，最多也就是夏天的时候跑到河里玩几下，还经常被大

人骂。我们那个时候玩得最多的是踢球。"于是，爸爸便兴致勃勃地讲了起来。

"我们那时候都穷，没有球场，也买不起球，邻居有个小伙伴的叔叔在部队给他寄了一只足球，那便成了我们最喜欢的玩具了。每天放学后，我们几个就在门口踢来踢去，觉得特别快乐，就像你今天玩水一样。可是有一天，有个小伙伴用力太猛，把球踢到门口的小河里去了。""那然后呢？""我们就赶紧跑过去想把球捞上来，先用树枝扒，结果刚一扒动，球就顺着水流往下跑了。眼看着球跑得越远了，我和另外一个伙伴就索性下到河里用手去抓。"

"抓上来了吗？"皮皮着急地问。

"结果哪知道河里有些小坑，小伙伴陷到坑里了，我们一看慌了，赶紧大声叫人。还好，有个邻居从这边经过，把小伙伴抱上来了。""呀，太危险了。""是呀，所以我们回去都被大人批评了一顿，以后再也不敢自己跑到小河里去了。小孩子独自去出去玩水是很危险的事情，所以你也要记住。"爸爸趁势赶紧给皮皮上起课来。

好妈妈分析

给孩子讲故事是每个父母都曾经遇到的问题，孩子小的时候可能还愿意听父母读故事书，但是随着孩子年龄长大，孩子听到的故事越来越多，思想也越来越丰富，这时候孩子就会更愿意听父母讲自己小时候的一些趣事。有的家长可能觉得有点不好意思，其实这正是一个教育孩子的很好机会。就像案例中的爸爸一样，通过他小时候的故事，不仅让孩子知道要珍惜现在幸福的生活，还能让孩子提高安全意识。

时常把自己小时候有趣的故事讲给孩子听，和孩子分享不一样的童年时光，可以让孩子更好地了解父母，特别是当年自己苦中作乐的趣事，能够让孩子受到启发和思考。因为时代不同，孩子希望知道爸爸妈妈当年生活的状况、放学后是怎样玩耍的以及在学校发生的各种有趣的事情，而这些趣事从父母嘴里讲出来，会显得更加贴近生活，贴近孩子的内心世界，能够增长孩子的见闻，能让孩子了解更多课堂以外的知识和道理。比如，父母当年没有玩具，小小年纪就要做家务、干农活，这样可以启示孩子从小要学会勤俭节约，让孩子更加珍惜现在的美好生活，努力地学习，争取不让父母操心。

好爸妈支招

给孩子讲小时候的故事，目的是让孩子在享受听觉愉悦的同时受到思想启迪和教育，因此在和孩子讲故事的时候还要注意以下几个问题。

1. 在我们的故事中要融进一些教育的元素

既然孩子喜欢听故事而不喜欢父母讲大而空的道理，那么父母就可以把这些道理融入故事中去。让孩子在听完故事之后，自然而然地理解到故事中蕴含的道理。即使孩子没有理解其中的道理，父母在讲故事的过程中也可以添加一两句点评或者对孩子的期望，使孩子在感受故事带来的快乐的同时能轻松地接受教育。

2. 父母可以少讲一点反面故事

有的家长在给孩子讲故事的时候，为了让故事充满趣味，可能不惜把自己当年的一些糗事说出来。比如，小时候可能和小伙伴一起干过"偷鸡摸狗"的事，这情节当然会很有趣，但是可能会对孩子造成不良影响，比如，以后孩子在犯此类错误之后父母可能就很难教育。当然，偶尔讲一下这类故事未尝不可，因为父母并非完人，但要告诉孩子，父母犯过的错他们以后要警醒。

3. 父母也可以经常讲一些和孩子有类似经历的故事

比如，讲一些自己小时候还不如孩子现在的表现，鼓励鼓励孩子。这时孩子就会表现出一副扬扬得意的样子，还不忘"批评"家长两句。当然也要讲一些孩子的表现不如父母小时候的，这时候孩子就会反思自己。

　　总之，父母作为孩子最亲密的人，讲自己小时候的趣事会对孩子有很大的吸引力，孩子也会很专注地听，这样孩子能从故事中了解父母，不知不觉地就会把父母当成自己学习的榜样，这种言传身教的作用要比讲大道理效果好。

第五章

不把孩子当成麻烦制造者

不当着别人的面批评孩子

 **家教现场**

　　小凡跟着爸爸妈妈去舅舅家做客，起初小凡在外面玩得很开心。可是突然妈妈听到门外有孩子的哭闹声，妈妈跑出去一看，有两个和小凡差不多大的男孩不知道什么原因竟和小凡打起来了。

　　妈妈向那两个男孩的奶奶道了歉，并大声训斥小凡："干吗要和小朋友打架？你怎么这么调皮捣蛋！总是给我惹麻烦，再和别人打架，就不要出门了！"小凡听后觉得特别委屈，妈妈都不问问是谁错了、谁先动的手，就直接当着街上那么多人的面批评自己。

　　于是小凡一直大哭着不肯罢休，叫嚷着要去找舅舅打那两个男孩，爸爸和舅舅出来了，没想到爸爸不问青红皂白，还当众打了小凡。而舅舅呢，不帮着自己也就算了，还添油加醋地责备小凡。

　　这件事情虽已过去很久了，可是在小凡心里却留下了很深的阴影。

好妈妈分析

身为父母都知道，教育孩子的最终目的是让孩子认识错误并改正错误，而不是让孩子无地自容。案例中的父母一下子犯了两个错误，首先没有弄清楚情况就批评自己的孩子，其次当着这么多人的面责骂甚至打孩子，严重地伤害了孩子。

其实，在外人面前，只要不是非立即制止不可的错误，父母最好还是忍一忍，给孩子留足面子。但是要记住，不是过后就不了了之，还要"堂下教子"。父母蹲下身子跟孩子讲话，在没有外人在场时跟孩子沟通，会收到事半功倍的效果。因为孩子渴望被保护、被爱，更渴望得到尊重和理解，而父母当众批评孩子，会让他觉得父母是在揭他的短，甚至揭开他心灵上的"伤疤"，导致孩子自尊自爱的心理防线崩溃，容易让孩子产生自卑甚至自暴自弃的心理。

其实，不当众批评孩子是要求父母多站在孩子的立场想问题，尊重孩子，保护他的面子，这样会有益于他形成一种自尊、自爱的心理。一般具有这样情感的孩子，也往往尊重他人，进而也能得到别人的尊重，在生活中也会更自信，责任感也会更强。所以，当孩子有缺点，父母要在没有外人的情况下，对孩子进行善意的批评，并建议或引导孩子说出补救的措施。这样的教育方式，孩子往往更能接受。

好爸妈支招

父母当众不批评孩子，使孩子自觉地认识到错误，并找到杜绝此类问题再次发生的方法，这才是最佳的解决办法。这样，可以让孩子从容地摆脱尴尬，父母既不用和孩子对抗，也不用对孩子加以批评，从而使亲子间的沟通更加顺利。因此，当孩子的行为表现不能令父母满意时，父母千万不要劈头盖脸地随意指责，要根据不同的场合，结合不同孩子的心理特点给予积极引导。如果孩子当众犯了错误，父母不能在别人面前批评他，那么应该怎样对他进行教育呢？

1. 父母要适度沉默，给孩子保留尊严

在公共场合，一些很明显的错误或者顽固性错误，不用父母说，孩子自己也会意识到。如果这时父母依然对其指责一番，就会让孩子很没面子。久而久之，可能会让孩子以"耳旁风"的态度来对待，说过后，眨眼就忘记了。相反，父母如果适度沉默，给孩子保留了一份尊严，也会营造出一个紧张的气氛，让孩子忐忑不安，不知如何是好。当然，这段时间也正是孩子自我反省的好时机，往往能达到事半功倍的教育效果。

2. 父母要找准批评的时机

当孩子犯了错误，父母有必要批评惩罚，但要选择时机，注意场合，讲究分寸。在公众场合，父母可以制止孩子过分的行为，然后把孩子带到其他地方，让孩子认识错误。一般来说，犯错误的时间和教育的时间间隔不宜过长，因为时间间隔太长，可能导致孩子已经忘记了这件错事，教育效果也不明显。

3. 父母的批评要合理，不夸大事实

生活中，有些批评之所以会遭到孩子的抵触，甚至让孩子产生不满，就是因为父母批评的理由不充分，甚至夸大事实。合理的基础是父母要先弄清事实，听一听孩子的理由，然后批评要有针对性，不东拉西扯，让孩子真正认识到错误，才能有教育的意义。

总之，不当众批评孩子绝不是放纵孩子的错误行为，而是给孩子反省的机会，让孩子自己认识到错误。父母在批评孩子时应注意场合，这样不仅维护了孩子，也教育了孩子，更让孩子懂得了处理问题的方法，无形中提高了孩子的能力。

控制住脾气，把孩子当成别人的孩子那样看待

一位妈妈曾经讲了这样一个故事。

一位同事因为家里没人看孩子，只好带着他女儿来上班了。小女孩7岁了，特别可爱。因为我和她爸爸是多年的同事，家又在同一个小区，所以一点也不陌生。

今天正好工作不忙，平时就喜爱小女孩的我很想和她玩一会儿。她的名字叫瑶瑶，也许跟我们很熟悉了，在办公室里一点也不拘束。我们见到这么可爱的孩子，都会让她给我们唱个歌或跳个舞什么的。刚开始她说什么都不干，我们也知道她会唱歌会跳舞，可能孩子这时候不想表演吧！

有时候孩子越不想表演，我们倒越想看，于是我就对她说："瑶瑶，我记得你的老师教过你一个舞蹈，非常好看，你看是不是这样做？"其实我不知道她跳过什么，就自编了几个动作给她看，看看这样能不能诱导她表演。

当我摆了几个姿势后，她马上笑着说："不是不是，不是这样做。"见她有点儿动摇了，赶紧说："那是什么动作呀，阿姨再想想，唉，都想头疼了，怎么还想不出来呢？"这时候她一直在看着我，好像在等我找到正确的动作一样。

我故意又编了几个动作，她这次更加开心地笑着说："还不是。""那是什么呢？瑶瑶做一个让阿姨看看，看看你做的动作是不是和阿姨想的一样。"这时候她对我说："那好吧。"说完她就开始做了，只是仍然坐在椅子上。

我想说"站到地上跳吧"这句话，但又怕刚调动起来的她的积极性又不见了，所以说我："老师教你们的时候也是坐在椅子上吗？"她笑笑说："不是，呵呵。""那是怎么教的呀？"她看了看地面。我说："那就也站在这里跳吧。"接着她就站到办公室中间，给我们跳了起来，并且口中还唱着歌词。此时我心里窃喜，总算诱导成功了。几位同事也连忙夸瑶瑶跳得好。

看到这里，想想自己有时候对待儿子也没有这么耐心，不论干什么事，说一遍两遍后，见孩子不肯接受就会生气。可是对别人的孩子，不但不会生气，反而耐心倍增，这个方法不行，想那个方法，最终总会有适合的方法，所以，如果把自己的孩子当成别人家的孩子来教育，是不是效果会更好呢？

好妈妈分析

许多父母估计都会有这样的感觉，当父母面对孩子听不进去自己的话时就会发脾气，如果面对别人的孩子，可能就会压住火耐心地引导孩子，就像案例中的妈妈一样，如果自己要求孩子几遍，孩子仍然不同意时，妈妈肯定会生气，而当她面对同事的孩子时，却显得那么有耐心。

父母也许会觉得是自己的心理在作怪，也觉得自己的孩子想怎么样就怎么样，可是当遇到孩子不听话或者孩子的做法不对时，试着把自己的孩子看成是别人家的孩子，是不是就会有不一样的结果呢？也许父母会说，面对自己的孩子时根本控制不住自己的情绪，但是再想想，对待别人家的孩子都能控制住自己的脾气，有这样的耐心，为何对自己的孩子就不能耐心一点呢！

比如，如果孩子把书落在家里，父母会追上去说："怎么回事啊？上学不带书怎么上课啊？整天丢三落四，能不能长点记性！你看看某某，也不用大人整天操心。"假如换成别人的孩子，你肯定不会加上那句"你总是丢三落四"。说者无意，听者有心。简简单单的一句话，已经把孩子全部否定了，我们在说话的时候都能照顾到别人孩子的感受，而在对待自己孩子的时候往往只顾自己的感受，结果自然不是我们想要的。

曾经有一个教育家说过"把孩子当成别人的养"，就是要把孩子当成一个独立的人，尊重他。因为是别人的孩子，你会对他客气；你客气的时候，孩子也学会客气；你包容的时候，孩子也学会包容。想要孩子成为什么样的人，自己首先要做什么样的人，父母是孩子的影子，孩子的一切问题都是家

长的问题，改变要从自身做起！

把自己的孩子当成别人的孩子来带，如此便少了过分的期待和希望，就少了急躁和苛求，就少了过分的担心和失望。如此家长就不会太认真、太计较，反而多了一份尊重、和谐。孩子总有他自己的人生，孩子不会跟随父母一辈子，孩子长大了，总要独自去面对自己的生命。如果我们是好的父母，我们就要懂得把孩子当成别人的孩子来爱。如果我们会爱，我们就要更多地关注孩子的心灵，帮助他们养成良好的品德和习惯。

好爸妈支招

当然，把自己家的孩子当别人家的孩子养，不是说让父母漠视孩子，不闻不问，而是给孩子多一点成长的空间，疼孩子要疼在心底，特别是当孩子的表现达不到我们期望的时候，把孩子当成别人家的孩子，自己就会控制住脾气，变得更有耐心，这样更有利于孩子的成长。那么，家长把自己的孩子当成别人的孩子最好的处事方法是什么呢？

1. 家长应该控制住脾气

只有控制住自己的脾气后，孩子才能冷静下来，否则，孩子以敌对的情绪面对家长，教育交流工作就无法继续。

2. 家长要耐心地听孩子的解释

试想，家长在面对别人的孩子时，肯定要先弄清楚情况再做决定，对自己的孩子也要这样，以免误解冤枉孩子。

3. 家长要以诚恳的态度给孩子建议

家长很少会用"你必须……""坚决不行"等这样的语气对别的孩子说话。同理，在面对自己的孩子时也应避免这些用语，尝试多用"你不妨……""要不试一下"这种用语，这样孩子就会很乐意地接受。

当然家长还可以对孩子鼓励一下，这样孩子就会很愿意地按照家长的指导意见去做。

总之，当把自己的孩子当成别人的孩子来对待的时候，父母就会多一份安静，多一份鼓励，多一份肯定，更多的是一份耐心！孩子也会更容易接受！

出现问题时，先做自我检讨

 家教现场

今天林女士的心情特别不好，因为一大早就和女儿因为上网问题吵了一架，而且这次吵架让林女士懊恼至极：懊恼新的一天刚开始就和女儿弄得两败俱伤，懊恼自己对女儿太冲动，懊恼自己的教育方式有点简单粗暴……

可是战争结束还不到半小时，林女士就坐不住了，希望和女儿进行沟通和谈。

这次交谈，林女士一改早上的愤怒态度，先是自我检讨一番，然后把自己为什么发怒的三个原因告诉女儿：首先是觉得女儿没有紧迫感，都进入初三了，还这样经常上网打发时间；另外是缺乏责任感，只顾着自己享乐而不管自己的学业；还有，就是缺乏战斗力，遇到难题不是想办法解决，而是轻易就放弃。

妈妈一口气说完自己的想法后看着女儿，没想到女儿居然非常心平气和地接受了妈妈的意见。但是女儿也提出了自己的意见：虽然还有一年就要中考了，但是学习也挺累，也需要上网娱乐放松一下。

后来经过母女讨论上网的利与弊，达成了这样的协议：每天可以有半小时的上网时间。

这样，林女士和女儿终于握手言和了。

好妈妈分析

一部分父母在教育孩子的过程中，经常会发现孩子存在这样那样的不良

表现，对于孩子的不足和错误，爸爸妈妈往往都是给予严厉的批评，有时甚至是打骂，这固然不是一个好办法。最关键的一点就在于，在孩子出现问题的时候，爸爸妈妈要去找事情发生的原因，看看孩子身上的这些不良表现是不是与自己平时的教育方式有关。就像案例中的林女士和女儿发生争吵后，正是因为林女士首先进行反思而后向女儿做了检讨，母女才能心平气和地讨论解决问题的办法。

在平时的生活和教育中，父母通常都会为孩子的一些常见"问题"而焦虑，而且父母会寻求各种让孩子变得符合家长期待的方法，却常常收效甚微，甚至适得其反。为什么会这样呢？原因就是父母总会把矛头指向外部，总想如何改变孩子，却没有意识到孩子的问题其实是父母和环境导致的。比如，当父母责怪孩子"无理取闹"时，父母想没想过这个"理"是谁的呢？如果迈过父母和孩子之间的年龄跨度，进入孩子的内心，用他们的视角和思维看这个世界，父母就会发现孩子做得也是有"理"的，所以经过反思就会发现，父母不要把自己固有的价值观强加给孩子，不要把自己的要求视为绝对的正确，父母的看法只代表一种选择和可能而已；当父母指责孩子做事磨蹭时，父母想没想过是不是因为自己太习惯于用成年人的效率来要求孩子，其实不是孩子慢，而是父母缺少耐心，孩子需要试验、尝试、探索的机会，需要在没有催促和训斥的情况下学习。

好爸妈支招

在我们和孩子相处的过程中，当孩子不是像我们期待的样子时，父母要先放下焦虑和期望，反思一下自己。只有反思，才可能找到问题真正所在，首先想想孩子出现这样的问题是谁的责任？自己做了哪些事情对孩子产生了负面的影响？以后如何减少这种影响？……当我们有勇气做自我检讨时，问题已经开始解决了。当我们因缺乏反思的勇气而总问该对孩子"怎么办"，而回避问自己"为什么"时，那就是在掩盖问题，并让问题在拖延中累积和强化。

以后父母再遇到孩子出现问题时，要先静下心来做一下自我检讨，反思一下自己的言行，也许就能找到问题症结所在。

出了问题，搞清楚状况再做决定

家教现场

刘熙是一家外资企业的部门经理，工作非常忙，有时候根本顾不上照顾自己的孩子。于是，周末的时候，她把孩子的姥姥从农村接过来，一是让老人在这里帮忙照顾一下孩子，二是也让自己的妈妈享受一下城里的生活。

刘熙的孩子很懂事，自从姥姥来了以后，怕姥姥闷，每天都带姥姥出去散步，还用自己的零用钱给姥姥买鲜花。姥姥高兴地逢人便说："我这把年纪了，还没收到过花呢，没想到第一次收到的是外孙的花。"

一天，刘熙下班刚进门，听到房间里有"嘎嘎嘎"的叫声，推门一看，几只活蹦乱跳的小鸭子正在房间里乱窜。忙碌了一天的刘熙，看到家里乱乱的样子，不免心烦意乱，张口就训斥孩子："你现在还有时间弄这些东西啊，马上就要考试了，赶紧好好复习！"孩子正要向她解释什么，她却不容分说地继续呵斥孩子："把这些都给我扔出去，不用跟我解释，我不想再看到这些东西了。"说完就要去抓那几只小鸭子。这时，孩子的眼泪"唰"地流了出来，他好像想说什么，但什么也没说，一转身回到自己的房间，把门重重地关上了。

刘熙很生气，刚想追过去再训斥孩子，孩子姥姥赶紧过来对刘熙说："你别骂孩子了，这是孩子给我买的，他说怕我在家寂寞，买了几只小鸭子来陪我。孩子都是出于好心，你要是觉得不喜欢，可以好好和孩子说，把这些小东西送给别人就可以了，不要再骂孩子了。"

刘熙很后悔地推开孩子的房门，看到孩子正趴在床上哭。她拍着孩子的肩膀说："妈妈向你道歉，是妈妈不对，妈妈应该先问清楚原因，原谅妈妈好吗，妈妈以后改正。"

好妈妈分析

多听听孩子的解释，让孩子有辩解和申诉的机会，不仅是父母赏识孩子的体现，更是孩子应得的基本权利，也是保证孩子身心健康必不可少的一个环节，如果在没搞清楚状况之前急着下结论去批评孩子，必然会伤害孩子。就像案例中的妈妈一样，虽然最后也向孩子道歉了，但还是会给孩子留下一定的创伤。

因此，在遇到事情时家长要给孩子一个解释的机会，也就是要努力做到不武断地批评或否定孩子的想法和做法，不简单粗暴地指责孩子，而是先搞清楚事情的来龙去脉，再给予必要的帮助和指导，这才是尊重孩子的表现。现实生活中常常会有这样的情况发生：孩子犯了一个小错，父母单凭自己了解的情况就对孩子的行为作出评价和责备，当孩子申辩和解释的时候，父母就会火上加油，心想"你犯了错还狡辩？"于是，对孩子大喊一声："住口！"想象一下孩子这个时候该有多么委屈！即使事后家长因为冤枉了孩子而向他道歉，但对孩子的伤害仍然无法弥补。

多给孩子一次解释的机会，就多了一次了解孩子内心世界的机会。父母只有和孩子亲切交流，孩子才可能敞开自己的心灵，把自己真实的世界展露出来，孩子的心灵才能健康地成长。这样的父母才能更容易走进孩子的心灵，了解孩子内心深处那别样的世界。

好爸妈支招

其实每个父母都希望能走进孩子的内心，了解孩子真实的想法，但了解孩子的前提是尊重孩子，只有从孩子的视角去观察世界，才能发现孩子的问题。因此，父母只有对孩子平等相待，才能了解孩子的真实想法。比如，当发现孩子的行为父母难以理解的时候，可以平静地问问孩子的想法，在清楚了孩子真实想法的基础上，再讨论是与非或美与丑。这样的做法才有利于孩子健康成长。如果不给孩子解释的机会，就粗暴地指责孩子，不仅会让孩子对父母产生不信任感，甚至会让孩子产生逆反心理，出现父母不喜欢什么，孩子偏要去做什么，跟父母对着干的情况。

研究发现，经常被喝令"住口""不用解释"的孩子，渐渐放弃了为自己辩解的权利。这些孩子背负着很多委屈，一个人默默承受，而这样的负担可能会造成孩子严重的心理问题。所以当父母认为孩子做错了事情时，不要急于做出判断和结论，而要首先倾听孩子的解释。父母可以说："那这样吧，你先和我说说当时的情况。"如果孩子对父母曾经认为错误的事情做出合情合理的解释时，父母应该说："原来你是想这样做，那我明白了！"只有这样，做父母的才能真正了解孩子的想法，避免误解孩子。

所以，以后家长在遇到问题时，一定要先听听孩子怎么说，在搞清楚状况之后再做决定，这样才不会做出事后令自己后悔的事来。

孩子受挫后，鼓励孩子自己寻找解决的方法

🖊 家教现场

浩浩7岁了，有一次到楼下玩，回来后告诉妈妈，他的玩具枪不见了，小朋友告诉他是松松拿走了，儿子想要回来，叫妈妈往松松家打电话。妈妈告诉浩浩，妈妈先不打这个电话，让浩浩自己想想办法要回玩具枪。浩浩马上说："明天上学我告诉老师。"妈妈说这是个办法，但不是最好的办法。然后帮他分析，松松拿走玩具枪可能不是故意的，只是玩忘了，就带走了，或者家里人突然来叫他回家，他来不及还，要是告诉老师，他该多没面子呀！再

想想看还有什么更好的办法。见浩浩作沉思状，妈妈说你慢慢想，想好了自己去处理。

过了两天，浩浩得意地告诉妈妈，松松把枪还给他了。原来他编了个童话故事，趁松松在场的时候讲给小朋友听，故事的大意是：小熊突然被熊妈妈叫走了，匆忙之中带走了小兔子的玩具，小熊发现后第二天又送还给了小兔子，正为玩具没有"回家"而焦急的小兔子欢快地蹦起来……结果，松松第二天就把枪还给了浩浩，还向浩浩道了歉。妈妈表扬浩浩："这多好，既没影响和小朋友的关系，还把枪要了回来，以后遇到事情，就应该多想几种办法，然后挑选最好的去做。"

好妈妈分析

很多家长认为，自己的孩子年龄小，不具备解决问题的能力，实际上，孩子总会运用一些策略和办法来解决问题。家长最好不要包办代替，在孩子不需要的时候擅自帮助孩子或替孩子作决定，因为一旦失去锻炼机会，孩子独立解决问题的能力就会退化，遇到问题就会束手无策。应给孩子足够的机会、适当的鼓励和具体的指导，培养孩子自己寻找解决的办法，就像案例中的浩浩一样，在他自己动脑筋之后想出了很好的解决办法。

孩子在成长过程中，会逐渐接触到各种类型的人，见识更为复杂的事情，遇到不同的问题和麻烦。在这个过程中，孩子会积累经验，得到锻炼，处理问题的能力也会不断增强；有时大人只要稍加指点，孩子便能把问题处理得比较完善。而如果大人一味地赞美孩子、事事为他代劳，只给孩子一件美丽的衣裳，却不让他学习如何自己穿，如此的教养方式，不但无法培养孩子的独立性及自制能力，反而会让孩子误以为自己是最棒的。渐渐养成目中无人、稍不顺心便大哭大闹的习惯，日后再遇到挫折时，可能就无法爬起来。

好爸妈支招

从上面的分析可以看出，在孩子遇到挫折的时候，家长应该放手，将问题抛给孩子，引导他们想出正确合理的解决方法，即便是屡次受挫，也会锻炼孩子自己解决问题的能力。一个好的家长，他必然让孩子有自己提问题和解决问题的权利，而不是把孩子的问题变成自己的问题。要让孩子从小就学会自己的问题必须自己去解决。

当然，提高孩子解决问题的能力，光纸上谈兵不行，重要的是让孩子多些实践和体验。孩子是否能成功解决问题，更多地取决于他们的经历而非聪明程度。家长可以有意识地为孩子创设自我解决问题的机会和条件，包括设置困难，让孩子多些锻炼、多些经历。比如，让孩子独自到小卖部买东西，看他如何表现；把家里许多打电话的"业务"都交给孩子：给煤气公司打电话，联系换煤气；给快递公司打电话，寄快件；给家政公司打电话，找人清理下水道……别小看打几个电话，孩子能从中得到不少锻炼，他既学会了与人沟通，又增长了应对生活中复杂情况的能力。

总而言之，在孩子受到挫折时，家长一定要收起自己的臂膀，鼓励孩子自己寻找解决问题的办法，加上家长的适当引导，孩子一定会养成独立解决问题的好习惯。

父母被激怒后，冷静冷静再冷静，静下来之后再想对策

家教现场

小毅是一名小学六年级的学生，上学期期末考试，语、数、英成绩都不太好。小毅爸爸说小毅平时做功课时不专心，爱看电视，一说他还顶嘴，打

了他也不改，父子关系发展到谁也不服谁的状况。

小毅爸妈工作忙，从小把小毅交给爷爷奶奶带，老人除了操持家务，也没有什么爱好，经常和小毅一起看电视，小毅也跟着爱上了看电视。而小毅的爸爸妈妈每天工作完回家感到疲惫不堪，也常借看电视消除疲劳。到了快期末考试时，小毅爸爸才要求小毅不能看电视，但小毅这时已很难抵挡住电视的诱惑。所以一到晚上，必然会发生一场口舌大战：爸爸不让小毅看电视，可小毅偏说自己有权利看电视，并把"人权"都搬出来了，爸爸气得不行。

爸爸看这样下去父子不仅解决不了问题，反而会让关系弄得越来越僵。于是爸爸想到了"以静制动"的策略，便坐下来让自己冷静冷静。小毅看到爸爸"熄火"了，自己也慢慢地平静下来。十分钟过去后，爸爸温和地对小毅说："儿子，首先，爸爸妈妈在你做作业的时候看电视，对你肯定有不好的影响，我们以后会避免这种情况。你看咱们这样行不行，你已经上六年级了，学习这么紧张，你长时间看电视，肯定会影响学习的。但是爸爸也不是不让你看电视，这样，你每天写完作业后看半个小时怎么样？"小毅看见爸爸这么诚恳地和自己商量，想想这也确实是个不错的办法，便欣然答应了。

从这以后，小毅每天回家就赶紧写作业，然后再打开电视看半个小时后洗澡睡觉，这个作息时间也科学合理。

好妈妈分析

经常听父母这样抱怨孩子：你要他做点力所能及的小事，他不理不睬，甚至用白眼回敬你；你耐心给他讲道理，却遭到无理的反驳；你批评他的错误行为，他却"砰"的一声摔门而去，总之，在大人眼里，孩子就是无底线地挑战着父母的耐心，直至将父母激怒，亲子大战全面爆发。实际上，孩子也不愿意这样，只不过更多的时候孩子无法控制自己的情感只能把怨气撒出来。作为大人，如果此时能冷静冷静，可能结果就不会如此。像案例中的小毅，他爱上看电视无法自控的根本原因是由于大人的带动作用，爸爸开始对小毅的发怒并没有解决问题，反而是爸爸冷静下来，然后和孩子一起商量对策，才真正解决了双方的矛盾。

其实，不能把孩子所有的顶撞统统视为与父母作对，因为当孩子的愿望不符合父母的要求时，其实孩子也会倍感失望，甚至是非常沮丧。所以此时他们对父母的反应是很强烈的，这时候你再让他去做某事或对他们进行教育，很容易遭到他们的抵触。因此，家长应当允许他们发发牢骚，抱怨一通，甚至表现得粗野无礼，顶撞大人。但一般这种极端的情绪不会持续得太久，家长此时虽然已被激怒，但是为了下一步解决问题，建议先冷静下来忍一忍，耐心向孩子解释他这么做为什么不对，平静地和孩子一起商量解决问题的办法。

好爸妈支招

父母在处理孩子的问题时，难免会被孩子的一些言行激怒，此时的父母千万不要把这看成是一场权利之争，非得分出个输赢不可，这样只会导致两败俱伤的结果。相反，此时父母应控制一下自己的情绪，让自己冷静下来，因为情绪具有感染力，当父母保持冷静的时候，这种安静的氛围也会逐渐对孩子起到正面作用，有助于孩子的心情恢复平静，只有在这种心平气和的状态下才能进行进一步的交流，从而共同商讨出解决问题的最好办法。

除此之外，家长这种冷静的处理方式，也值得孩子去学习——"原来冲突还有这个解决之道！"家长在面对矛盾冲突时冷静处理的方式让孩子心服口服，也为孩子以后自己解决这种冲突提供了参考。把这种"以静制动"的方法用在与孩子的沟通互动上是一种不错的方法。

总而言之，父母在面临孩子的不适当言行时，一定要控制住自己的情绪，少一些冲动、多一些理智，更好地解决事情。

争吵的目的是消除分歧，而不是激化矛盾

晚饭刚吃完，琳琳放下饭碗，拎着包就要往外走。

"你都这么大人了，就知道丢下碗筷就出去玩，怎么不知道体谅体谅你妈妈，帮助妈妈收拾收拾。"琳琳的爸爸本来就对女儿成绩不好她又爱和一帮朋友外出闲逛窝了一肚子气，再加上琳琳不以为然的态度，这次他实在憋不住了。

"干吗发这么大的火，多大点事儿啊？"琳琳有些不耐烦。

"你以为这是你的旅馆饭店啊，你妈上班也很辛苦，回来还要做饭洗碗。你呢，这么大了，也不知道给你妈帮帮忙，学习也不认真，成天就知道在外面瞎晃。"

"您的意思不就是我上次考得不好吗，也不能因为上次考得不好，我连出去的自由都没有了啊。"

"看来你还是有自知之明啊，知道自己没考好，还不知道用点功啊，外面有啥好溜达的。"爸爸越说越生气。

琳琳也不示弱："就是要溜达，您要怎么样吧？"她顶了一句。

"就是不许你出去，好好回屋复习功课去，你说我想怎么样？"

琳琳的牛脾气也上来了："不行，我已经和朋友约好了，就是得去。"

"你今天要是跨出这个门，就不要回来了！"老爸的话音未落，琳琳已经"砰"地把门摔上，扬长而去，根本就不搭理老爸。

许多家长都从内心里发出这样的感叹：现在的孩子越来越难管教了！

家长在和孩子沟通几句后火药味就出来了，虽然家长心里也知道，并不是想和孩子吵架，只是想解决问题，但是结果却让矛盾越来越激化。案例中的父女，争吵显然只是解一时之气，不但没解决问题，反而进一步激化了矛盾。琳琳的爸爸非但没能阻止琳琳外出，反而使双方误解更深。有些家长可能会问，是不是为了避免和孩子争吵，就不得不放任自流。当然不是。孩子有了问题，我们必须管，但管的时间、场合和方式很重要，要管就要管出效果。

在父母小的时候，听大人的话是一个好小孩最重要的标准。因为自己的吃、自己的穿都是大人给的，大人所做的一切都是为了自己好，所以孩子就得听父母的话，大人的权威是不容置疑的。但是现今的孩子独立性和自我性都比较强，在家庭和社会中发表自己意见的机会也比以前多很多，这就意味着他们不会轻易放弃自己的想法。当孩子的想法和家长的想法不一致时，如处理得不好，很有可能点燃争吵的"导火线"。而在处理与孩子的关系时，重要的一点是避免争吵。如果争吵实在无法避免，家长要尽量消除分歧，不要进一步激化矛盾。这就好比一根琴弦，每争吵一次，就会绷紧一些，长此以往，琴弦一定会崩断。

✏️ 好爸妈支招

一般来说，家长作为孩子的监护人和抚养者，总是占据矛盾的主导地位。当问题已经出现时，家长一定要冷静，要避免激化矛盾。很多家长在与孩子发生矛盾时，不是想办法解决矛盾，而是着急把自己心中的气发泄出来，这样就会使双方越来越僵。矛盾出现了，家长要学会善于化解矛盾，只要家长理智一些，给孩子讲清道理，孩子一般也是讲道理的。

这样，当气氛缓和以后，双方就可以坐下来讲道理，并相互提出各自的条件和要求，直至最后达成一致协议。孩子都会犯错误，但批评狠了，他接受不了，就容易使矛盾激化。其实，我们在解决与孩子的冲突时，不妨也采用一下这种讲道理、提要求、签口头或书面协议的方式，应当会取得积极

的效果。出了问题，家长若不能妥善处理，使矛盾激化，说明家长的能力有限，次数多了，孩子就会越来越不服你，以后家长的话就会越来越不灵了，家长的威信也就越来越低了。

总之，当父母与孩子的矛盾来临时，父母要知道最终的目的是解决矛盾，与其加深矛盾，不如淡定下来消除分歧，只有这样，才能最终解决矛盾。

任何情况下都不要给孩子来硬的

家教现场

拓拓今年11岁，五年级。应该说，他是个聪明机灵的孩子，口才好，对自己感兴趣的事物比如恐龙、奥特曼、三国、柯南等就特别喜欢钻研，但学习成绩一直不理想，尤其是数学。妈妈觉得拓拓成绩不好主要是因为他没有养成认真严谨的好习惯。

这次期中考试结果出来了，拓拓不安地回到家里，他知道，又一场暴风雨即将来临。果然不出他所料，妈妈看完试卷，气不打一处来："这道题不是上回你不会做的时候妈妈教过你吗？还有这个，这是简单基础知识，你居然都没记住？英语单词你都是怎么背的，天天回家就知道玩游戏，手伸出来。"妈妈拿出擀面杖打了几下拓拓的手，还是没消气，说："把你的错题给我写十遍，写不完，不能睡觉！"说完，妈妈气呼呼地扭头走了。拓拓含着眼泪坐在书桌旁。可是他怎么也学不进去，想到妈妈刚才发怒的样子，再看看自己红肿的双手，心里特别伤心，一个人默默地坐在那里。

好妈妈分析

家长在一怒之下打孩子可能会时有发生，家长认为这样孩子就服帖了、听话了，殊不知，这样会给孩子带来很多的负面影响。就像案例中的妈妈，如果她换种方式，不要和孩子来硬的，而是和孩子坐下来一起分析错误的原因，那孩子会不会进步得更快呢？

大人打孩子，会给孩子带来很多不良影响。首先，打孩子会给孩子带来极大的恐惧，而这恐惧的制造者又是自己最亲近的父母，导致孩子丧失对父母的信任，继而丧失对他人和整个环境的信任。这种恐惧可能导致他们即便成年后也不敢跟任何人提出反对意见。其次，孩子的模仿性很强，一个常被父母打骂的小孩，容易从父母的打骂行为中学会用暴力和攻击去解决问题。一些孩子爱打架，欺负比自己小的孩子，追根溯源会找到自己父母打孩子的影子。另外，因为害怕挨打，很多孩子想方设法掩盖自己的过失，费尽心思为自己的过失寻找理由，于是就有可能撒谎，或者因为害怕遭到父母的惩罚，会思前想后、畏首畏尾；在他人面前也会因为害怕做错了事而招致父母的责备，不敢流露自己的真性情。这样就会严重影响孩子的身心健康发展。

好爸妈支招

孩子犯错是难免的，但是孩子犯错后，家长切不可对孩子一顿暴打，来硬的，而是应该平静下来以理服人。如果孩子认识到问题的严重性，父母却没有惩罚他，他心中会有一种强烈的内疚感，会在以后的生活中改正自己的错误。但是，如果父母打了他，反而会使孩子觉得一报还一报，挨完打便两清了，心理也平衡了。这种情形，在年龄稍大一点的儿童身上经常发生。因此，对一个比较自觉的孩子，如果犯错后能让他自己认识到错误，比大人打一顿这种方法要好得多。

家长在教育孩子时还应注意要及时发现、及时解决，不能秋后算账，当然这里说的惩罚非肉体惩罚，比如遇到孩子偷偷拿了同桌的心爱之物，家长发现后要让孩子马上到同桌家里道歉，回家后要反思。要坚持随错随罚的原则，这样孩子所做的错事就能与惩罚带来的不愉快建立起联系。那么，他以

后再做这些错事时，会立刻想到惩罚带来的不愉快经历。当然，家长在惩罚孩子的时候要讲明道理，告诉孩子下次应该怎么做。只有孩子明白自己的错误以及造成的危害时，才不会再犯。由于孩子年龄小，即使这次真心说"下次不敢了"，但可能仍不知道下次应该如何做。因此，父母有必要对孩子进行正确的引导，告诉他正确的做法。而且，还要考虑到自己提出的做法是不是超出了孩子理解的界限，给他的建议是否是容易做到的，而不是孩子根本做不到的。

总之，当家长遇到孩子犯错时，不能以武制人，而要以理服人，这样才能避免给孩子的心理留下阴影，从而促使孩子的身心健康发展。

经常和其他父母交流一下教子感悟

家教现场

萧萧是个很用功、很可爱的女孩子，二年级的她在唱歌、跳舞、画画等方面都表现很出色，深得老师和同学的喜欢。

可是在一次绘画活动后，萧萧突然跟老师说："老师，我不想画画了。"老师很吃惊，这是为什么呢？以前画画可是萧萧的最爱啊。后来通过课后和萧萧聊天才知道，萧萧的妈妈给她报了许多特长班，这样一来，孩子下课后就得回家练琴、学英语等，再加上画画，自己一点自由活动的时间都没了。

老师知道这一情况后，就在"家长论坛"里针对这一现象提出了问题并和各位家长一起讨论。这个问题一提出，就引起了家长极大的关注，大多数家长都认为应该根据孩子的兴趣和时间来帮孩子有选择地报特长班，而不是一味地按照家长的思想去报，而且要给孩子留出合理的放松时间，不能让孩子成天"连轴转"。有的家长说，如果孩子不感兴趣的，就根本没有必要按照家长的想法让孩子去参加那么多课外辅导班，因为留给孩子一个快乐的童年是最重要的。还有很多家长说出了自己遇到的问题，而这些也正是萧萧妈妈经常遇到的，大家在一起交流取经，每个家长都有不小的收获。通过家长们的讨论，萧萧妈妈认识到自己的错误了。

后来萧萧又回去学画画了，听她说，妈妈已经把她的英语班和舞蹈班都取消了，现在只需要回家练一小时钢琴，然后自己画会儿画就可以和别的小朋友一起玩了。萧萧说的时候，脸上那灿烂的笑容仿佛在告诉所有人她现在很快乐。

 ## 好妈妈分析

其实每个父母都希望自己的孩子是个多才多艺的人，但是父母在教育孩子的过程中却经常会犯"揠苗助长""越俎代庖"的错误，而且父母有时候还意识不到自己的错误。其实，如果父母能经常和其他家长多探讨、多交流，就很容易意识到自己的教育问题，或者能从其他家长身上学到比较好的教子经验。因此，父母经常和别的家长交流是非常必要的，就像案例中的妈妈，如果不是通过讨论交流，她可能很难意识到自己的问题。

家长之间存在着一定的差异，不同的家长在文化、思想、品德、修养等各方面都不尽相同，这样就会导致他们的教育观念、教育行为也存在着一定的差异。家长在教育孩子的过程中会碰到各种问题，也许一个家长遇到的难题在另一个家长那里有很好的解决办法，这样通过交流，可以相互借鉴共享一些好的家教经验，而且可以把一些难题提出来大家共同商讨，这是父母解决教育问题的一个很好途径。

好爸妈支招

家长之间的交流和互动对孩子的健康和谐发展非常有好处。因此，作为孩子的父母，要积极地利用资源，通过不同的途径和其他孩子的父母进行交流。

1. 可以通过家长会的途径和其他家长进行沟通交流

学校定期都会举行家长会，这是家长之间能够面对面交流的最好机会。父母可以针对孩子最近的一些表现、成绩、困惑等向其他家长取取经，也许就能找到解决问题的办法。

2. 父母要好好利用网络资源和其他父母进行交流

"家长论坛""家长群"等都是不错的方式。这种方式可以同时和很多的家长同时进行交流，这样就能检查自己在教育孩子的过程中是否存在误区，或者看到其他家长比较好的教育方式，自己也可以借鉴。

总之，孩子的教育问题不是靠一个人在家里想想就能做好的，更好的是和其他家长一起集思广益，寻找更适合孩子的教育方法，让父母的教子之路变得更轻松。

设身处地地为孩子着想，孩子们只要在失败中成长就是成功

家教现场

伟哲从小性格就比较软弱，遇到挫折和失败的时候，就会放弃或者哭鼻子认输。今年他9岁了，在生活中还是不能勇敢地面对失败。为了帮助伟哲增强抵抗挫折的能力和信心，爸爸妈妈抓住生活中一切可以教育的机会对他进行鼓励和帮助。

伟哲从小在爸爸的熏陶下就爱下跳棋。有一次，他和小伙伴一起比赛下跳棋，最后以微小的差距失败了。伟哲特别伤心，回到家就趴在床上哭了起来。看到他哭得伤心的样子，爸爸连忙过去安慰，再和他一起探讨下跳棋的技巧，教给他好几个套路，让他自己查找行棋的缺点。

"儿子，下次再遇到小伙伴向你挑战，你敢不敢应战？"看到孩子情绪

平静下来，爸爸问道。

"敢呀，为什么不敢，下次我一定能赢他们，就算是输了，我再回来让你教我！"破涕为笑的伟哲握着拳头对爸爸说。

"对，就得这样，就是输了，也没关系，输了，你才知道自己哪里有疏漏啊。"

后来伟哲再和小伙伴下棋的时候，偶尔也会输，但是他并没有像上次那样哭鼻子，而是回来和爸爸一起"切磋探讨"。最后，在今年的少年组跳棋比赛中，伟哲以优异的成绩得了第一名。

好妈妈分析

每个家长都希望自己的孩子一帆风顺，能少遇到一些挫折与失败。其实，从孩子的角度想想，失败和挫折反而能使孩子更坚强，只要孩子能从失败中成长便是成功。案例中的伟哲在经历一次失败后就伤心哭泣，但在爸爸的帮助和鼓励下，在每次失败后认真获取经验教训，重新站起来迎接挑战，这个过程就是成功。

现在，很多孩子因为不能正确面对挫折和失败，不能接受家长或者教师的批评而堕落、离家出走等，这在很大程度上是因为孩子的成长之路过于平坦，家长过多地给了孩子不恰当的赞美，让孩子不能接受自己的错误和失败，不能承担因自己的失败造成的后果。如果孩子平时遇到挫折和失败后，父母能给予正确的引导和帮助，孩子的内心自然就会变得更强大，承受能力也会变得更强。

教育家陈鹤琴说："做母亲的最好只有一只手。"说的是要对孩子放一只手，无论是成功还是失败，都让孩子自己去尝试、去体验。比如孩子想自己缝衣服，只是简单地把蝴蝶结缝在裤子上，虽然这只要妈妈一分钟就能搞定的事情，孩子自己却足足忙活了一个小时，从纫针开始，一遍一遍地试，无数次的失败之后，他成功地把蝴蝶结缝上了，虽缝得针脚乱七八糟，但孩

子自己会很高兴，因为是他自己做的。所以他经历的失败就成了他成长的财富。

 好爸妈支招

从上面的分析来看，要真正将"在失败中成长"这一观念潜移默化地融入我们的生活是需要一个过程的，我们不妨先放松心情，让孩子大胆出错，经历由自己做主的探索——失败——再探索——直至成功，饱尝失败过后的欣喜以及欣喜所带来的无穷动力，让他们乐意去学，乐意去想，他们的认知过程是由低向高发展的，所谓"失败"，其实也是由低到高通向正确的必由之路。

1. 失败不可耻，也不可怕

不经历失败，就不能获得成功，失败是成功之母，但父母过于心疼孩子，往往不让孩子面对失败，甚至会把孩子的失败看成一种耻辱，这样就剥夺了孩子体验失败的权利，也让孩子失去了一次成长的机会。失败与成功同样重要，孩子需要成功，也需要失败。如果说成功可以建立孩子的自信心，那么失败也可以锻炼孩子的心理承受能力和自我反省能力。父母大多有这样的体会，凡是跌倒过的地方，也总是印象最深刻的地方。所以，在生活中适当地让孩子承受一点失败的压力是有好处的。父母可以在适当的时机给孩子制造一些"人为"的失败，当然，父母给孩子的这种"人为"失败不能太多，否则，过多的失败也会伤害孩子的自尊心和自信心。

2. 在孩子遭遇失败时，父母要用信任来鼓励孩子

父母的鼓励和支持是孩子超越失败最大的动力。父母可以微笑着对孩子说："这点失败没什么大不了，我相信你能行。"并告诉孩子，失败是不可避免的，人人都要经历失败，勇敢的人要懂得从失败中学习，从失败中吸取教训，让孩子明白失败的价值，从失败中重新站起来，向着成功不断前进。

3.　在孩子成长的过程中，家长要设身处地地为孩子着想

学会放手，让孩子在挫折中成长，而开始的那些担心都是多余的。不经历失败，不去放手，孩子永远不知道摔跤的滋味，更不会体会到成功的快乐，唯一有的是对别人成功的羡慕。当然，孩子遇到挫折和失败的时候，我们家长会心疼，会着急，但是孩子的成长需要不断地犯错误和失败，他要从中汲取积极的经验，总结教训，才能一步一步地成长，我们家长不能代替孩子成长，不能剥夺孩子在失败中成长的权利。

总是生长在温室里的花朵无法经受住风雨的打击；总是生活在羽翼之下的小鹰也注定不能翱翔于高远的天空。所以，只有做家长的不娇惯孩子，有意识地培养孩子解决问题、抵抗挫折的能力，让孩子在失败中成长，孩子才可能会变得勇敢、坚强，更好地适应学习和生活。

第六章

不要激起孩子的抵抗行为，不做孩子排斥的家长

对待孩子太粗暴，对局势不控制

家教现场

案例一：子轩出生在一个富裕的家庭，但是谈起父母，他居然感受不到半点亲情。记忆里父母都忙于自己的工作，父亲从没带他出去玩过，对他的教育不是呵斥就是贬低讽刺，粗暴的父亲需要的就是儿子的顺从与听话。高考前针对填报志愿的事情，子轩征求父亲的意见，本希望得到父亲的鼓励，但却得到的是父亲的奚落："就你这成绩，你还想考多好的学校？考个三类大学，我就烧高香了。""我怎么就不能考上好学校？你要认为我考不上好学校，我还不如不考了呢！"子轩不服气父亲这样说自己，便顶了一句。"什么？我为你辛辛苦苦挣钱，你就一句不考了？"听到儿子这么说，父亲气急败坏地提着凳子就要朝子轩扔过去，还好，被一旁的妈妈及时制止。一场战斗是制止了，但是子轩的高考斗志却一点都没了。

高考结束后，子轩落榜了，暑假里整天在家待着，除了上上网，打打游戏之类，就无其他的活动安排，意志日渐消沉，精神逐渐颓废，自己懒得跟同学联系，同学的邀请也基本是采用回避，作茧自缚式地把自己困在里面。

母亲看在眼里，疼在心里，比谁都着急，却又无计可施。

案例二：三年级的一鸣放学回到家兴高采烈地告诉妈妈：放学时老师叫他们几个同学打扫实验室卫生，结果他们几个同学一起哄都跑了，老师生气地看着，却又无可奈何。妈妈看着孩子那因为逃跑打扫卫生而高兴的样子，只说了句"是吗"就没有再说什么。

到了晚饭后，看到孩子平静下来，妈妈才坐下来，让一鸣说说这事对不对。孩子这时想起来自己也的确做得不对，就向妈妈认错。妈妈看到孩子认错了，心里很高兴，又问他要怎么做。孩子想了想对妈妈说：要向老师认错，保证做一个爱劳动的好孩子。看到孩子既承认了错误，又懂得如何改正，妈妈表扬了孩子："你这样做就对了。"

好妈妈分析

简单粗暴是最直接的处理问题的方式，但是家长不能用这种最简单、最直接的处理方式对待孩子。简单粗暴型家庭的父母往往对孩子的教育采取粗暴强制态度，将自己的意志强加于孩子，采取高压政策，使孩子慑服于他的威严。他们往往信奉对孩子不能娇惯，"棍棒底下出孝子""不打不成器"，使孩子表面上屈从，内心里却存在反抗意识。这样对孩子的教育结果就是孩子离家长越来越远，局势也越来越难以控制。案例一中的父亲可谓简单粗暴型家长的代表，他这样做的结果并没有让孩子越来越听自己的话，反而让孩子越来越没有信心，父子关系越来越僵。相反，案例二中的妈妈控制住了当时心中的怒气，冷静之后，通过引导让孩子自己认识到错误并知道了改正的方法。

简单粗暴型教育方式的误区在于对孩子的情绪采取抵制，对孩子的行为采取控制，使孩子产生心理紧张、焦虑等障碍。如果经常打孩子，就会造成不可弥补的严重后果，使孩子产生不良心态和心理偏差。而且，打骂这种粗暴的教育方法，不但不能达到父母的教育目的，而且会使孩子形成说谎、冷漠、孤僻、仇视、攻击等心理问题，而这往往会成为孩子日后有不良行为，

甚至走上犯罪道路的根源，也会导致孩子出走、自杀等终生遗憾事情的发生。

 好爸妈支招

以此可见，当和孩子交流或者孩子犯了错误的时候，家长应该放下严肃的表情，远离粗暴，和孩子进行心与心的交流。家长应耐心细致地做好思想工作，告诉他哪儿错了，为什么错了，同时还要告诉他，同样的错误不要重犯，要及时纠正，要吸取教训。切莫用简单粗暴的方式对待孩子，要相信孩子一定能健康成长。

那么在和孩子交流的过程中，家长如何避免采用这种粗暴的行为呢？

1. 家长要遵循孩子的成长规律，对他提出合理要求，不要拔苗助长

无论是让孩子学做一定的家务劳动，还是让孩子学习某些文化知识，都要从孩子实际身心发展出发，遵循从易到难的顺序进行。如果父母过高地要求孩子这样那样，孩子就会逐渐产生厌倦情绪。而对此，父母却一味埋怨孩子不理解父母苦心，甚至施加打骂这样的粗暴教育，这样做的结果就像拔苗助长一样，不仅不奏效，反而往往事与愿违，会使你逐渐无法控制局面。

2. 父母要控制情绪，平衡心态

当孩子犯了错误或做出一些令父母难以接受的行为时，有些父母一时过于激动，控制不了自己的情绪，打断甚至不听孩子的解释，就对孩子采取训斥或粗暴的打骂。的确，孩子在父母的大吼大叫下，或许会表现得听话、服从，但这样的手段不好，要冷静处理孩子的不良行为。父母打、骂孩子，往往是自己急了的时候，因此要学会冷静处理，自己先消消气，等心情平静了，再教育孩子。而当孩子也处于生气、激动的时候，也不适宜进行教育，应该等孩子平静下来再进行教育。这样才能防止粗暴型教育，冷静地、客观地处理问题。

因此，在和孩子的交流中，如果孩子的意见和自己有冲突时，千万不要失去控制，大吼大叫，应该冷静地分析一下孩子的意见是否正确。如果正确，要给予支持；如果是错误的，父母应该在商讨的气氛中给孩子分析，切记不要一味地否定孩子的意见，不然会使孩子养成沉默寡言的孤僻性格。所以，父母要注意控制自己的情绪，从孩子的角度出发，分析孩子的观点和看法，那样就会对孩子多些理解，也不会再出现控制不了的局势。

对孩子不要太严厉、苛刻，要知道孩子有犯错误的权利

家教现场

雯雯是个7岁的小姑娘，平时好奇心比较重。一天，妈妈的一个朋友来她家做客，雯雯忽然看见妈妈把钥匙包放在了茶几上，一时好奇心又萌发了，她想拿着钥匙开卧室的门。卧室的锁是那种十字形的锁，如果对不准，就不好打开。雯雯笨拙地试着插进锁孔中，想打开卧室的门，可怎么也插不好，打不开。于是妈妈的朋友主动过去想帮她一下，却被妈妈阻止。

妈妈说，让她自己先犯些"错误"吧，琢磨一会儿，总能把门打开，这样她就再也不会忘记这门是怎样打开的！果然，雯雯折腾了很长时间后，终于如愿以偿。

又有一次，雯雯在学校学到瓷器易碎的知识，回到家里想"鉴定"一下瓷碗究竟会不会破碎，于是竟当着妈妈的面拿了一只碗往地上摔。面对满地的碎片，她自知犯了错误，以为将遭受妈妈的训斥和惩罚。但妈妈只是要她自己扫去碎片，让她记住瓷器易碎的常识。后来雯雯从易碎的瓷器延伸联想到同样易碎的玻璃杯、镜子、瓶子、眼镜等，自觉地学会保护和使用这类物品，再也没有摔碎过任何东西。妈妈想，那一只被故意摔碎的碗还是非常值得的。

好妈妈分析

孩子的错误一般分为两种：一种是长辈必须予以立即纠正的，如乱丢垃圾、不讲卫生等，一旦放任，以后就难以收拾；而另一种，即孩子能够自行纠正，主要是如何适应生活的那一类，却是应该允许其犯错误的，如案例中的雯雯一样，她在不断"犯错误"的过程中其实正是不断改正错误、完善方法甚至认识新知的过程，假如不给予这类机会，轻易地帮她打开门，非但剥夺了孩子寻求正确"开门"方法的乐趣，也会使他们变得懒于动手、疏于尝试、习惯依赖父母，或者孩子在犯了这种小错误时受到家长苛责，那么孩子就变得胆小，不敢尝试新的事物。

孩子是不断学习、不断成长的，独立自主的活动有助于他的成长。而家长要做的，是如何将孩子"犯错误"过程中的不利、消极因素转化为有利的、积极的、合理的因素，多给孩子"尝试—错误—完善"的机会。如果家长对孩子太严厉、苛刻，不允许孩子犯错的话，很可能导致孩子出现心理问题。高压之下，孩子可能形成自卑、懦弱、冷漠、消极的情绪，产生恐惧、焦虑或残忍的心理，易发生不能克制的逆反、倔犟、攻击和冲动行为。另一方面，如果怕孩子犯错而家长一手包揽的话，孩子很容易过度依赖父母，不利于其适应集体生活、社会。

小孩子年龄小，性格还在不断完善和养成中。如果孩子一直受到过于严厉的管教，长期精神紧张，心理压力大，很容易导致强迫行为，进而发展为强迫症。医学发现，不少强迫症患者在小时候都有过家教过严的经历，这让孩子反而失去了自我，家长、老师说什么，他就做什么，因为怕尝试而犯错，等长大后，一旦遇到某些压力或是外界因素的改变，就可能患上强迫症。

好爸妈支招

孩子在成长过程中难免会犯错，其实孩子犯错的时候正是教育孩子的好机会，父母不如给孩子犯错的权利，加强对孩子犯错后的教育，而不是一味地对孩子严厉苛刻。可能很多家长认为，如果孩子不犯错，就不会给家长带来太多麻烦。所以，有的家长喜欢在孩子犯错前就去提醒他，让他避免犯错误，什么事情都要求尽善尽美，处处设置清规戒律，不允许任何一点纰漏。殊不知，如果孩子在成长过程中没有犯错的权利和机会，孩子长大后就容易出现两种极端情况：要不就是害怕犯错误、办错事，什么都听父母的，等着父母帮他抉择、帮他思考、帮他承担，这会阻碍孩子的创新意识，无法形成责任感；要不就是什么都和父母对着干，因为他们不愿意任何事情都受控于父母，父母的苛刻让他们形成了叛逆的性格。所以，家长不允许孩子犯错是不可取的做法，家长不能因为害怕孩子犯错给自己带来麻烦而剥夺孩子犯错的权利。

其实孩子犯了错也会感到难过，如果父母在这时候给予责骂而不是安慰，孩子会觉得更痛苦，如果进行打骂，那么后果会更糟糕。如果下次孩子再犯错，他可能为了避免责骂而隐瞒事实。所以，家长不仅要允许孩子犯错，而且要在孩子犯错时进行正确的教育和引导，让孩子从错误中吸取经验和教训，不要盯着孩子的错误不放，这才是通过错误教育孩子的最好方法。

有句话说得好，"世上没有不犯错误的人，关键是看他如何对待自己的错误。"同样，世上没有不犯错误的孩子，关键看家长是怎样对待犯错误的孩子的。因此，家长不要对孩子过于严厉苛刻，不妨给孩子犯错的机会，让家长和孩子一起在改正错误的道路上不断成长。

孩子犯错了，如果训斥没作用，就不要训斥

家教现场

晓梦妈妈是一个外企领导，可能是因为在公司当领导习惯了，平时对晓

梦也是极其严厉。可是最近，受到同桌的影响，晓梦爱上了看《故事会》，特别是每期新出来的时候，晓梦看得特别兴奋，甚至能达到废寝忘食的程度。

这一天新的一期《故事会》又出来了，晚上放学后，晓梦飞向报刊亭买了一本就跑回家。晓梦把书包往沙发上一扔，就如饥似渴地看起来。

正在这时，妈妈下班回来了，看到晓梦悠闲地看着故事书，气不打一处来："你回家不赶紧写作业，却看起了闲书，难怪成绩上不去，原来心思全在这些上面，赶紧写作业去！""马上马上，还有5分钟我就把这个故事看完了，马上就去写作业。"晓梦知道自己应该回来先做作业，于是向妈妈做了个鬼脸以示自己的错误。"你说的啊，5分钟。"妈妈转身去了厨房。

可是没过2分钟，妈妈又回来了，对着晓梦说："这个书有什么好看的，你要是把这个劲儿用到学习上，成绩也不至于这样，赶紧写作业去，要不然你的作业又得磨磨蹭蹭到12点才做完。"听着妈妈在旁边不停地唠叨，晓梦烦得不得了，赶紧把那个故事看完写起了作业。但是妈妈在一边的唠叨还在继续："你看楼下丽丽，哪次考试人家不是前三名，我怎么没见她看过这些杂书啊？你再看看你，写个作业磨磨蹭蹭，现在还看起这些乱七八糟的书来……"晓梦听了，哪还有心思写作业啊，趁妈妈不在的片刻，又提心吊胆地看起故事来，果然，那天的作业折腾到12点才完成。

好妈妈分析

妈妈的絮叨在孩子看来就成了家常便饭，但时间长了，孩子对这些话都充耳不闻。家长对孩子管得太严，孩子一有错误，动辄训斥，往往不能够真正帮助孩子克服问题，反而会强化缺点。就像案例中的妈妈一样，不停地训斥孩子，不仅没起到作用，还引起了孩子的反感，使孩子产生了叛逆心理。与其这样，还不如按照孩子的约定，给她时间读完故事，然后安安心心地写作业呢。

有些家庭因为家长严厉的家教，孩子整日沉浸在紧张与惶恐中，这对他们的成长与性格塑造会造成很多负面影响。其实，孩子也是有自尊心和进取心的。作为家长，我们应该让孩子们在守规矩的过程中体验到守规矩带给他们的快乐与好处，比如孩子遵守约定玩游戏1小时，或者读课外书10分钟，这个时候你甚至不用刻意要求他，他也会自觉且乐于守规矩的，相比不停地数落训斥孩子，效果要好得多。并且这种数落训斥对孩子没有帮助，而且很容易伤害孩子的自信心，对孩子以后的发展很不利。

好爸妈支招

孩子难免会犯错，当家长面临这种情况时，应该用孩子容易接受的方式对孩子进行正面教育，当然，父母在教育孩子时要入情入理，注意感情沟通，切忌讲大道理或是空洞地说教，引起孩子的反感。

1. 当孩子在尝试新事物的过程中犯了错误时，父母可以帮助孩子找出原因

找出原因，鼓励孩子再次尝试，让孩子的自信心在不断尝试中得到保护和增强。如有的孩子主动帮助妈妈扫地，可是因为不小心把花瓶弄倒摔碎了。这时，父母不要指责孩子，而应指导孩子扫地的时候应该如何小心，以免下次再出现类似的情况，并对孩子的主动行为给予表扬和鼓励。

2. 给予孩子犯错误的权利和改正错误的机会

在孩子犯错之后，父母要冷静地听听孩子的想法，帮助孩子找出错误的原因。孩子主动承认错误时，父母要给予鼓励，并指出错误的危害性，让孩子自己主动改正错误，没有必要絮絮叨叨个没完，既然没完没了的训斥没有意义，还不如相信孩子会自己去认识并改正错误。

如果有些孩子心灵比较脆弱，父母可以借用自己犯错误时的情形，告诉孩子，"这个错误我也犯过，让我告诉你应该怎么办"。帮助孩子从失败和错误中走出来，帮助他们找到解决问题的方法和战胜困难的自信。

3. 父母在鼓励孩子时一定要发自内心，不要持有敷衍或不认可的态度

有位妈妈平时经常批评、否定孩子，在鼓励孩子时仍然用否定的眼光看孩子，因此当她鼓励孩子时，孩子却认为妈妈是在欺骗他，根本不是在鼓励他，这样的鼓励肯定不会起作用。

总之，在孩子犯错时，家长要一改往日没有意义的训斥，放平心态，帮助孩子认识到自己的错误，让孩子自觉地去改正。

挖苦孩子，只会打消孩子的积极性，拒绝挖苦

🖊 家教现场

阿哲14岁，孩子性格温和敏感，思维活跃，但生活懒散随意，遇到困难就退缩，做事有头没尾，没有积极向上的心态，表现欲不强，胆子比较小。

阿哲现就读于初三。学习成绩中等，不爱思考。这天，妈妈在打扫家里的卫生，阿哲看到妈妈爬上爬下地擦桌椅、吊灯等这些挺辛苦的活，阿哲想到自己个子高，做起来肯定比妈妈要轻松一些，于是主动过去说："妈，这个灯和画太高了，我来擦吧。"

妈妈看到平时懒得连饭都不愿意吃的儿子今天居然主动来帮自己干活了，都快不相信自己的眼睛了，说道："哟，太阳打西边出来了，居然还知道帮我干活了。"阿哲看到妈妈惊讶的话语里面并没有一丝高兴，心里一下子凉了，原来自己在妈妈眼里是这么的懒啊。阿哲擦完灯，就默默地回到房间了。

回到房间，阿哲想起以前妈妈经常说的话，有时候自己忘了叠被子，妈妈就会异常生气："这件事你让我说多少遍才听啊？你聋了吗？"还有，上次阿哲拿着数学卷子在妈妈面前保证下次努力的时候，妈妈却说："你可真行，这次这么简单的题都不会，你还能保证下次考好，保证管用吗？简直像猪脑

子一样。"

想到这里，阿哲更伤心了，觉得自己在父母眼里真的一无是处，想完，只好又拿起了游戏机接着玩……

好妈妈分析

家长或许没有意识到自己不经意的语言给孩子的伤害，这比起皮肉上的痛楚，后果要更为严重。因为无法一眼看到内在的伤痕，所以我们往往忽视语言带来的伤害，尤其是用挖苦嘲讽这样"恶毒的武器"带来的精神上的创伤。哪怕这种语言"攻击"停止了，伤害仍会在孩子内心继续存在，像一个巨大的阴影笼罩着孩子。就像案例中的阿哲一样，他慢慢地变成现在这样，可以说和母亲的教育有着重要的关系。如果妈妈能换种方式跟阿哲说，比如"谢谢你帮了妈妈的大忙，妈妈可以轻松多了""我只说一遍，希望你能听进去""妈妈相信你下次能够避免这些问题，考得比这次好"，等等，这样的话一定会让阿哲听了心里很高兴，也会让他更积极地去做事情。

挖苦的危害性特别大，是孩子最不能接受的家长行为，任何一个有自尊心的人都不能忍受别人的挖苦和讽刺。经常被家长挖苦、讽刺的孩子，不仅学习进步得非常慢，也会使孩子的上进心、自尊心受到伤害，有的甚至失去信心，对孩子的精神健康造成无法挽回的严重危害。而且，家长的挖苦往往使孩子变得感情冷漠，对父母失去信赖和依靠，对家庭充满厌恶与反感，严重的还可能引发孩子的反抗和报复心理，这样不仅帮助不了孩子，反而会使亲子关系不断恶化。

由此可见，家长对孩子讽刺挖苦，会对孩子造成很多不良的后果。首先孩子会不再信任家长，他们不会再把自己的真实想法告诉家长，因为遭受挖苦后，孩子会觉得被当头打了一棒，没有了积极性。从此以后，孩子会干脆放弃努力，因为他的上进心受到了父母的否定。其次，孩子会觉得父母不讲理、虚伪、不公平，因为他知道，如果他对父母也用这种嘲讽的口气，一定

会挨骂。长期下去，这种不良的沟通方式会让孩子身心受到严重影响。父母惩罚孩子应避免讽刺挖苦，更不能自以为"孩子是我生的、是我养的"，所以随意地指责、谩骂孩子。

好爸妈支招

从上面的分析可以看出，讽刺挖苦已超越了孩子的心灵能够接受的范围，它会刺伤孩子的自尊心，打消孩子的积极性。因此，做父母的应该牢记，自己惩罚孩子的目的是帮助孩子改正错误，绝不是为了图一时嘴巴痛快而去刺激孩子心灵中最敏感的角落——自尊心。另外，有些家长在教育孩子语言不文明、满口脏话时，自己也"出口成脏"，这就使教育效果大打折扣，甚至失去说服力，所以家长在和孩子交流时，一定要注意自己的言行。

如果自己不小心说了有可能伤害孩子的话，家长要立刻安抚孩子，向孩子认错，这样孩子就会觉得父母很尊重自己。同样，如果是孩子讽刺父母，父母不要马上生气责备孩子，要指出这样讽刺人是不好的，并且与他坦诚地讨论问题。要告诉孩子，讽刺人不是公平讨论的方法，和别人讨论事情时要尊重别人。这样孩子会觉得你很公平，以后他也不会以这种讽刺挖苦的方式对你或别人讲话了。

所以，家长在和孩子的沟通交流中，一定要用肯定的眼光和阳光的心态，千万不要因挖苦讽刺孩子而打消孩子的积极性，让孩子失去信心。

平时不啰唆，关键时刻要提适当的建议

家教现场

"爸妈如果发现我读书有一点不用功，就会在我耳边唠叨，说我要是不

好好学习，就考不上好高中，自然而然就考不上好大学，如果考不上一所好大学，将来就业就是大麻烦事，咱家又没权没钱，这一辈子就完了。"张琪说，母亲的唠叨让她变得既压抑又紧张。而更让张琪难以接受的是，现在什么事情妈妈总是一遍又一遍地在耳边说，虽然自己都快背下来了，但是自己却听不进去。

有一次，张琪说和同学一起约了买衣服，从告诉妈妈那一刻起，她就对张琪说："你现在是学生，不要买那种太夸张的衣服，就买那种最简单得体的衣服就行。"然后又说现在一些韩国范儿的衣服不大靠谱，不适合学生等。等张琪离开家的时候，妈妈又说了起来："千万别买那种学校都不允许穿的衣服，女孩子家要穿得得体。"弄得张琪差点儿不愿意去买了。像这样的事情，一天不知道有多少次。

现在张琪一回家就躲着妈妈，因为她实在害怕这"唐僧"妈妈了。

 好妈妈分析

在家庭教育中，这种现象特别普遍。就像上面案例中的妈妈一样，总希望自己的叮嘱时时刻刻陪在孩子身边，这样孩子才不会忘记，殊不知，这样让孩子觉得反感，反而起不到好的作用。

很多父母都认为"爱之深、责之切"是对的，这也是父母唠叨的一个很重要的理由。可以说，唠叨是一种关爱方式，但是容易走向极端。心理学家认为，一个人爱唠叨是不自信的表现，而且，唠叨与培养孩子良好的个性是相悖的。我们都能理解，唠叨是父母出于爱的本能的一种关心方式。很多父母，特别是没有安全感的父母，通常会过度关爱和关注孩子。凡事都紧张，凡事都叮嘱，凡事都放不下。很多家长都迫切希望孩子迅速成长，其实，欲速则不达，这些父母唠叨的内容，可能等孩子稍大点就能做好。有些父母掌控不了自己的情绪，就向孩子唠叨，或者把孩子当成自己的私有财产，随意唠叨；有的父母希望孩子能成为自己的骄傲，为了让

孩子越来越好，也会不停地向孩子唠叨；有的父母甚至想让孩子完成自己的梦想，不停唠叨，为孩子洗脑，向孩子灌输自己的思想。总之，父母会有很多原因和理由在孩子面前唠叨，但是这个行为却会严重地影响孩子的身心发展。心理素质好点的孩子可能只是把这些啰唆唠叨的话当成耳旁风，而性格敏感的孩子可能会由此产生自卑心理，不仅不会产生动力，反而会让孩子一蹶不振。

好爸妈支招

虽然父母觉得自己的啰唆唠叨非常重要，对孩子的好习惯、好品格的形成起着非常重要的作用，但是这种啰唆要有"度"，平时管住自己的嘴，在关键时刻给孩子适当建议，这种方式想必是最好的。所以，父母的"啰唆"要讲究方法与技巧，过犹不及，处理不当，会造成孩子反感，使教育效果大打折扣。家长可以从以下几个方面避免自己太啰唆而对孩子产生不好的效果。

1. 父母的教育要抓大放小

孩子在成长的过程中会有许多事情需要大人操心，但有些事情是无关紧要的，并没有成人想象得那么严重。比如对于孩子生活中的一些琐事，放手让她自己去做，如果老是啰唆提醒，孩子就会觉得你烦。家长应当把精力放在一些重要的事情上，比如价值观、未来志向、学习习惯、学习方法等，这样一来，不但家长轻松了许多，孩子也会觉得家长的教育有高度、有道理。

2. 父母的叮嘱只说一遍

家长如果想让孩子做什么事，应当选择恰当的时机，突出重点，挑选有分量的话，然后和孩子面对面坐下来谈："你听好了，这话妈妈只说一遍。"即使在纠正孩子的错误时，家长也不要喋喋不休地数落孩子，凡事点到为止，只要孩子能够认错并愿意改正就可以了，说多了，孩子就厌烦了。

3. 家长教育的时候要就事论事

当孩子犯错误时，有的家长总喜欢翻旧账，把孩子的种种"恶习"全部数落一番，这对孩子来说很不能接受。对于孩子犯的错，家长应该就事论事，不要联想太丰富，以至于孩子觉得你太烦人、太啰唆。

总之，老调重谈、啰啰唆唆，会让孩子产生一种习惯性的模糊听觉，也就是明明在听，却根本入不了心，这是长期重复听同样的声音而产生的一种心理上的不在乎，其实父母完全没必要整天唠叨，只要在关键时刻给孩子建议即可，这样，孩子接受起来就少了很多反感。所以，做父母的，不要老是只怪孩子不听话，也该静下心来想想，自己是否真的太啰唆了。

抱怨解决不了问题，少抱怨、多鼓励

家教现场

魏东是上海一所中学的初一学生。别看他只有这么小的年龄，但是已经有了一年半的网瘾。自从迷恋上网络后，他的学习成绩直线下降，性格也开始变得孤僻、暴躁，动不动就和家长争吵。家长为此担心不已，不知道怎么办才好。当和网瘾志愿者面对面交流时，魏东说："反正在父母的眼里，我啥都不是，几乎一无是处。"

魏东的父亲是研究员，母亲是一位教师，父亲自称对孩子管理得比较"松"。但是经过了解我们发现，父母对魏东的教育简直是紧得让他透不过气来。"从我早上睁眼一直到晚上睡觉闭眼，爸爸妈妈对我没有一句表扬的话，一直在旁边唠叨，一句话要抱怨好多遍，一直在挑我的毛病。早晨起床慢了一点儿，就嫌我睡懒觉、拖拖拉拉；起床后叠被子乱了，又说我习惯不好，生活都不能自理；早晨吃早饭，说我吃饭慢，不珍惜时间；下楼去上学时，又说我慢慢腾腾，弄不好就得迟到……一直到晚上睡觉前，我上床后不

关灯想看会儿书，他们还说我不爱护眼睛、作息习惯不好。"时间长了，魏东简直无法忍受父母的唠叨抱怨，他觉得自己怎么做也做不好，总要受到父母的责备和抱怨，反而在网络世界里他能找到属于自己的自信，因此就越来越喜欢天天泡在网上了。

好妈妈分析

从木案例可以看出，魏东的网瘾和家长的抱怨唠叨是分不开的。由于家长天天在孩子耳旁唠叨加抱怨，这样下来，孩子就失去了自信，找不到自我了。在生活中找不到自我，他就想到去网络中寻求安慰。

家长的个性、对问题的态度潜移默化地影响着孩子。家庭尽管是放松身心的地方，但在孩子面前，在外承担了各种压力的家长还是要注意调整心态，以乐观、坚强的一面去面对孩子，毕竟乐观、坚毅的孩子在将来的路上，能更为从容地面对挫折。而抱怨不但不能解决任何问题，反而会将人们困在问题当中，使他们沉浸在失意、沮丧中，无法自拔。而对于那些抱怨孩子学习不够优秀的家长，希望他们能看到孩子的优点，而不是揪着缺点不放手。就像那则古老的小故事所说"不要悲观地看到半个空杯子，而要看到还有半杯水"。

如果家长在孩子面前总是抱怨唠叨，这样也会让孩子慢慢变得消极。某中学初二女生程某曾在网上直言不讳地表示："我爸妈老爱抱怨，现在这种态度也影响到我。学习上一旦有困难，我也会学着父母怨这怨那的，对学习失去信心，对万事万物都抱着消极的态度。"而她的学姐张某说得更为透彻：过分、不间断地抱怨，我们会觉得父母是在向我们施加压力，这样会让我们觉得身上的负担好重。其实，每一个孩子都能在生活中感受到父母工作的辛苦，孩子都看在眼里。也许，父母的抱怨可能是出于教育孩子的目的，但是有时候可能会适得其反。所以，家长爱抱怨，不仅不利

于孩子乐观积极的个性培养，还会招致孩子厌烦，对家长来说，这绝对是受累不讨好。

好爸妈支招

作为家长，要相信孩子，尊重孩子，鼓励孩子，适当督促，而不是一味去批评抱怨。适时适度引导孩子，响鼓无须重锤。家长如果实在忍不住要抱怨孩子，不妨试试下面的方法。

1. 家长要消除自己的偏见

家长总觉得张家的孩子比自己家的孩子成绩好，李家的孩子比自己家的孩子勤快，这样比来比去，总觉得自己的孩子不如别人的孩子。实际上每个孩子都有长处，如果家长总是看到孩子的短处而看不到优点，那结果就是成天来抱怨孩子了。所以家长要消除偏见，公平对待。再说，任何事物都在不断地发展，而家长还是用老眼光看人，岂不是"刻舟求剑"吗？

2. 家长要设身处地地为孩子着想

孩子每天也要面临沉重的学习任务，他们也有自己的爱好和心灵空间，如果孩子有一点放松的时候家长就抱怨个不停，孩子心情就会受到影响，时间长了，孩子也会变得容易怨天尤人，悲观消极。

如果真遇到孩子的行为超出了自己的底线，此时家长一定要冷静沉着。有时候，孩子在兴奋状态时意识不到自己的错误，也许通过反思，他反而会认识到自己做得不合适。

3. 在孩子做得好的时候多赞扬

信心都是夸出来的，当孩子越来越自信的时候，做任何事情都会事半功倍，也更会愿意去尝试新鲜事物。

总之，家长要少抱怨、多鼓励，帮孩子一起培养积极乐观的性格。

恐吓孩子，强迫他们顺从，会给孩子的成长埋下阴影

家教现场

成都市某学校的一名学生到晚上十二点了还没回家，急坏了家长和老师，问遍亲戚朋友，杳无音信；学校派人找了全城，结果在一桥洞下发现了孩子。孩子蜷缩在那里，流着眼泪甚是可怜，问其原因，才知道因为这次考试得了94分，他的爸爸说拿不到100分就砸断他的腿。然而父亲的回答很轻松："谁知道他当真啊，我不过随便一说，吓唬吓唬他！"

在日常生活中，我们也经常可以看到这样的情景：当孩子不听话或发脾气、不顺从父母的意愿时，他们会哭闹不止，这时，妈妈或爸爸就会吓唬他说："别哭了，警察来了。"更有父母为了制止不听话的孩子说话，会说："谁要是再讲话，就把谁的嘴巴缝起来。"于是哭闹的孩子停止了哭声，讲话的孩子也闭上了嘴巴，极不情愿地表现出顺从、乖巧的样子。

无独有偶，《重庆晚报》曾经报道，一名13岁的初一女学生，因为害怕有鬼，不敢独自在家里。据了解，不少家长为了让孩子听话、懂事，总爱用"鬼怪专吃不听话的小孩""不听话会被鬼抓走"等话吓唬孩子，并告诉孩子，只要听家长的话，鬼就不会伤害他们。不少孩子认为电视上的鬼怪就是家长说的鬼怪，而家长是不会骗孩子的，于是他们担心、害怕，不敢一个人独处。

好妈妈分析

从上面的案例我们不难发现共同点：家长无意间对孩子的恐吓给孩子的心理造成了严重的影响。家长的教育孩子应讲科学、讲方法，让孩子明白道理，而不是靠恐吓孩子，强迫他们顺从，这样对孩子的成长很不利。

孩子的神经系统十分脆弱，粗暴的态度及打骂恐吓，都会使他的精神高度紧张、恐惧，甚至引发心理障碍。首先，可能会让孩子产生自暴自弃的想法。别认为孩子小没那么多想法，但是经常被责骂或恐吓，他们也会因此而感到自己"不行"而自暴自弃。其次，会让孩子有遗弃感。一些父母在打骂恐吓孩子时，常使用"不要你了，扔了算了"等语言，别小看这不经意的气话，却可能给孩子心灵上留下较深的创伤。另外，会让孩子幼小的心理充满恐惧感。比如一个孩子每到夜晚就大哭大闹、精神紧张，常常紧抱大人不放，呼吸急促，面带恐惧表情。原来，他的父亲吓唬他说："闹吧，天一黑就有妖怪，让妖怪把你带走吧！"开始孩子还闹，父亲竟真装起了妖怪，把孩子吓得马上老实了。但自此，孩子便落下了明显的心理障碍。

 好爸妈支招

由上面的案例可以看出，家长在教育孩子时，千万不要用恐吓的方式，那样会造成孩子心理障碍。恐吓虽然有时有效果，但父母却要思考，如果孩子经常处于被恐惧感占据心灵的状态，那么，精神就容易受到创伤，这样下去，还可能会引起口吃、遗尿、失眠的现象，有的智力发育迟缓，甚至患精神官能症，影响孩子心理的正常发展，到那个时候，家长就后悔莫及了。

在孩子眼里，最相信的人是家长，他们受到家长的恐吓后，只知道害怕，而不知道为什么害怕，这种害怕对孩子的身心发育极为不利，而且使他们对外界产生错误的认识。从心理学角度讲，家长恐吓孩子的负面影响远远超过孩子目睹可怕事情的影响。事实上，任何东西一经歪曲，都可以用来恐吓无知的孩子。但恐吓孩子有百害而无一利。孩子哭闹时，大人应该耐心、温和地劝解，缓和地抚平孩子的激动情绪，并转移他们的注意力，使孩子对大人提出的新问题产生兴趣，从而自然地停止哭闹。至于孩子睡眠、吃饭、穿衣等常常不配合家长的问题，家长要用讲故事、表扬、鼓励等方式启发诱导孩子积极响应家长的要求，切忌使用恐吓的方法。

一旦孩子已经产生了对某种情况的害怕心理，家长要及早停止让孩子再受这方面的刺激，并通过讲述科学道理、实际示范，或让孩子实际观察，或对孩子进行耐心的启发或鼓励等途径消除孩子的心理阴影。孩子心灵上留下阴影，行为难免出现一些偏差，家长一定切记，孩子这时候最需要的是关爱和帮助。

所以，日常生活中千万不要恐吓孩子，这样才有助于孩子消除来自客观环境的某些威胁和精神压力，身心健康的孩子是在家长的爱护下，被家长"夸"出来的，扫除孩子心灵上的阴影，就要尽量避免对孩子造成伤害，而一旦发现孩子心灵受到了创伤，就得赶紧采取措施，用爱为孩子的心灵疗伤。

许诺以后就要执行，否则，会失去孩子的信任

🖊 家教现场

某年7月11日晚上8点半，K941列车快到贵阳了，乘客们逐渐开始就寝。杭州铁路警察石祥祥巡逻走过8号车厢时，发现车厢连接处蹲坐着一个小女孩：微胖，穿白色T恤、黑色裙裤，头戴粉色发饰。

15分钟后，他巡逻回来，经过老地方，小女孩还在原地蹲坐，正抹眼泪。

"小姑娘，你爸爸妈妈呢？怎么一个人在这里哭啊？"小石也刚当了爸爸没几天，立刻关切地询问。

听见问话，小女孩红着眼睛抬起头，看看眼前温柔的警察叔叔，却仍然执拗不开口。

"你一个人坐在这里有段时间了吧，晚饭有没有吃啊？来，先跟叔叔去吃个饭，有啥事慢慢说。"小石把小姑娘扶起来，带到餐车上，拜托师傅做了一碗面。

小女孩显然是饿着了，埋头狼吞虎咽。小石翻了翻她仅有的随身行李——

两个塑料袋，里面有400元人民币、一件衣服、一点食物、两本儿童读物，其中一本是写狼的，另一本是讲一个孩子的历险记，还有就是一张温州到贵阳的站票。天哪！这孩子用站票上了列车，温州到贵阳有1900多公里，这一路她不是站就是蹲！

就在这个当口，小石收到一则协查令：一对父母在温州报警，他们从上海回到家时发现，12岁女儿留下一张字条说要去贵阳找阿姨散散心……

八九不离十，就是这孩子。吃饱喝足，小女孩的情绪终于缓和了："我叫小兰，12岁，今年小学毕业了，考得不错。同学们都上了不同的初中，我觉得用手机联系会比较方便，想买一个，爸爸妈妈同意了，但过了好几天都没买，妈妈说，等过完暑假再买……这不是忽悠我吗？"

一气之下，小兰决定给父母一点"颜色"看看，"跑远一点让他们找不到我"。

思来想去，小兰决定去贵阳，"因为阿姨在那边工作，邀请我们一家过去玩，但爸爸妈妈工作忙，一直没去成，索性我一个人去弥补这个遗憾。"她随便抓了两本书、一件衣服，还有钱，用塑料袋一装，跑到火车站，买了一张当天温州到贵阳的站票。

刚上列车，她还挺兴奋的：哼，终于摆脱你们了！新鲜劲儿没过多久，看着陌生人穿梭来往，小兰那颗怒气冲冲的心开始平静下来，越想越后怕：贵阳好远，带的钱够不够？要命的是，她这时候才发现，背不出阿姨的手机号码！幸好，爸爸妈妈的手机号码能背出……哦不！已经离家出走了，主动联系他们多没面子！那怎么办？就这么傻站着吗？到了贵阳怎么办？阿姨家住哪儿我都不知道……

第一次乘坐长途列车，小兰紧张得甚至都没想到可以用钱去买东西吃，又怕干粮太早吃光，居然就饿了整整一天的肚子。带的两本书，小兰压根没有心思去看，脑子里只纠结着"我该怎么办"，名副其实的"带着纠结去旅行"。

为此，遇到警察叔叔前，小兰已经哭过好几次了。后来在警察的帮助

下，小兰的父母赶过来接走了小兰。

——摘自《杭州日报》

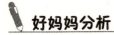 **好妈妈分析**

在我们的生活中，当父母不能依照承诺履行诺言时，孩子就会对父母的口是心非感到生气，且不再相信父母的话，久而久之，累积的怨气不但会严重影响亲子间的关系，也会降低孩子对父母的信任度。就像案例中的小兰一样，就因为父母承诺给自己买手机没有实现，一气之下上演了一场离家出走的闹剧。

家长对孩子的许诺如果不执行，就会对孩子产生很多不良影响，首先，因为孩子有时并不能真正了解事情的原委，所以会认为父母说话不算数，从而不再信任父母。其次，如果父母常把对孩子的承诺不当回事，会让孩子觉得一个人可以说话不负责任，答应的事也可以不办，这可能会让孩子变得不遵守诺言、不承担责任，这样会严重影响孩子的身心发展。所以，作为父母，一定要做到说话算数，切不可为了达到某种暂时的目的而欺骗孩子，对孩子撒谎。

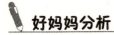 **好爸妈支招**

在孩子心中，父母承诺的事就要办，否则就是不守信用，说话不算数的家长在孩子心中是没有威信的，一旦孩子不信任父母，就会直接影响教育的效果，更会动摇他今后做一个诚实守信的人的信念。因此，家长对孩子的承诺要慎重，承诺后要尽量兑现；如果不能兑现，也要向孩子说明情况，征得孩子的理解和谅解。这样，家长才能在孩子面前树立威信，家长的话才有分量。

当然，父母要做一个智慧的承诺者，要根据家中的经济状况、自身条件、孩子的需要是否合理等做出切实可行的负责任的承诺。千万不能对孩子娇生惯养，有求必应，随意承诺。尤其是在孩子哭闹、不听话时，更不能用承诺某些条件的方式来解决问题。其实这种随意承诺，是家长在孩子面前的一种妥协，是在教育孩子方面的懒惰表现。如果这种承诺不兑现，只会制造更多的问题，带来更多的麻烦。而且，父母一旦承诺，必须兑现。如果由于特殊原因，兑现承诺确有困难时，要向孩子诚恳地说明原因，真诚地道歉。并在日后有可能的条件下尽量弥补。

总之，父母对孩子的许诺要把握分寸，不该答应的事，一定要坚持原则，父母做不到的事情以及对孩子提出的不合理要求，千万不要许诺，一旦承诺，就要做到，这样才能建立起良好的亲子关系，有助于孩子身心健康发展。

对孩子大包大揽，等于剥夺孩子成长的机会

家教现场

贝贝的爸爸妈妈做生意刚起步，因为忙，他们没时间照顾贝贝，就请了专职保姆负责照顾。平时在家，贝贝什么都不做，给他喝的水伸手够不着，他就懒得去拿，情愿不喝，非要保姆喂到嘴边才肯喝，穿衣服、吃饭之类就更不用说了，全得靠保姆。

到了该上小学了，贝贝妈妈觉得愧对孩子，放弃了工作，全心照顾孩子。孩子早上起床，刷牙、洗脸、穿鞋、着衣，全是妈妈的事。到了学校门口，死活不肯进去，非要妈妈陪着进去。直到三年级，这种情况才好转些，可是让爸爸妈妈头疼的事情还在后头呢。每天吃饭要妈妈喂、作业要妈妈陪着做、睡觉得抱着妈妈睡，连搭积木都得妈妈帮着捡，不然就哭闹不休。妈妈如果不在，他什么事情都做不了。时间长了，妈妈没了耐心，一到这个时候，就对贝贝发脾气，发完脾气又后悔不已，转而去哄贝贝。妈妈看看身边别的孩子，有的可以自己独立上学，有的在家还会帮妈妈扫地、收拾屋子，

再看看贝贝，经常早上想不起戴红领巾、戴小黄帽，甚至把作业忘在家里，打电话让妈妈送，尺子、橡皮、笔等隔三差五就丢了，想到这里，妈妈就愁得不行。

好妈妈分析

在孩子小的时候，父母习惯了所有事情大包大揽，但随着孩子长大，家长依然为孩子做着一切，孩子就习惯了任何事情都依赖父母，就像案例中的贝贝一样，如果没有妈妈跟着，总是会丢三落四。父母习惯于在孩子成长的过程中，为他们安排好一切，孩子能做或不能做的都不让做，父母大包大揽，不让他们去承担对家庭应有的责任，以孩子为中心，全家人围着孩子团团转。就这样，家长一次次地剥夺了孩子承担责任的权利，一次次错失了对孩子进行责任教育的机会。久而久之，在孩子的眼里，就形成了这样的看法：所有的人都该为我着想，所有的责任都该由别人承担。

当孩子正式上学以后，孩子的主要精力便投入学习中去了，家长觉得如果能在学习上获得好成绩比做任何事情都强，就会忽略对孩子自理能力的培养，对孩子的日常生活，家长免不了大包大揽。长此以往，孩子不具备独立能力，脱离了父母，做什么事情都会丢三落四，有了事情不会承担任何责任。

好爸妈支招

为了早日培养孩子独立的习惯，家长要提高认识，不能事事大包大揽。

1. 培养孩子的独立意识和基本技能

让孩子不仅愿意自己做事，而且会自己做事。例如，怎样择菜、叠被子，怎样扫地、擦桌子，这些教育是在日常生活中自然而然进行的。家长要教孩子自己完成游戏和学习任务，自己去和同伴交往，当孩子和同伴发生纠纷时，还要教他们用各种有效的方式自行解决矛盾。

2. 父母要教育孩子去做一个独立自主的人

父母平时要多和孩子平等交谈，让孩子充分表达自己的思想；放手让孩子去做他喜欢且不违背原则的事，让他充分展现自己的能力。在这个过程中，孩子会逐渐意识到自己是个独立自主的人，能决定自己的一些事情，不必事事依赖父母。

3. 家长还要从兴趣上培养孩子爱劳动的习惯

让孩子做任何事都要避免简单的命令，防止他们产生对立情绪或厌恶心理。独立性和勤劳、不畏艰苦是密不可分的，只有爱劳动，不怕艰苦，才能够独立起来。

4. 家长要尽量让孩子自己做决策

孩子的事应该由孩子自己去思考，自己去决定。玩具放在什么地方、游戏应该怎样布置、玩什么，等等，孩子的这些事，家长不要做决定，要让孩子自己去动脑筋、想办法，作出决策。家长可以帮助孩子分析，引导孩子作出判断，但不要干涉，更不要包办、代孩子做决策。

家长对孩子的事情大包大揽，就是剥夺孩子独立的机会。家长能代替孩子一时，却无法代替孩子一世，早日放手，让孩子独立地去走路、去面对生活，才是对孩子最理智的爱。给予孩子的最美好的东西就是教会他们生存和生活的能力，而不是满足、娇惯或溺爱、放纵，这样才能给孩子一个健全的人格和自信的人生。

贿赂不是好的激励方法

家教现场

案例一：巧巧上小学五年级，很要强，成绩不错。爸爸妈妈为了使孩子的学习基础打得更牢更好，提出了一个奖励措施——每门课考试85分以上，

奖励10元；90分以上，奖励20元；95分以上，奖励30元。至于什么考试，他们没有规定。过了几天，女儿拿着小测验的卷子找爸爸妈妈：你们看，90分以上，给钱！爸爸妈妈很高兴，如数兑现。十几天以后，阶段测验考90分以上，女儿又"挣"了钱。一个多月以后，期中考试，又是95分以上。女儿找爸爸妈妈要钱，爸爸妈妈犹豫了，这样下去，几百块钱的工资，全装到孩子兜里去了。女儿看爸爸妈妈不想给的样子，说："爸爸妈妈，你们说话要算话哦，制定政策这才多长时间啊，你们就想变卦啦！"爸爸妈妈只好给了钱。而自从那时起，巧巧变得花钱可大方了。父母意识到这个问题，赶紧请教了家教专家，专家批评他们不该简单化地以钱进行奖惩，钱不应该成为孩子学习的唯一目的，应该向孩子做一次检讨，相信孩子有责任心，会努力学习，争取好成绩，奖励的措施应该多些：比如外出旅游一次，赠送一个喜爱的小礼品，购买一本有意义的书等。夫妻俩照着专家的意见做了，孩子很高兴，成绩比原来更好。

案例二："我儿子最近变得可勤快了，啥事都帮着我干。"家住淮海路的张妈妈最近常常向朋友传授经验：花钱"雇"孩子做家务。原来，张妈妈的孩子9月份开学就要升初中了，到现在还是一点家务活不干，衣服脏了，不会洗；房间乱了，不会收拾；甚至连吃饭，有时都还得张妈妈帮他夹菜。

眼看孩子马上要上初中了，是个"小大人"了，别说做家务，就连柴米油盐都分不清，张妈妈很发愁，最后和丈夫商讨出一个方法，不给孩子零花钱，让孩子学做家务"赚钱"：洗一个碗，给2角；倒一次垃圾，给5角；整理房间，给1元；拖地板，给1元；洗衣服，给2元……

这个措施一出，孩子的积极性异常高涨，平时吃完饭，碗一撂，就窝进屋里，现在又是擦桌子、洗碗筷、收拾屋子，变得勤快多了。现在每天一到晚饭后全家聚会的时间，孩子就拿着笔记本开始计算自己的"收入"，再让张妈妈兑现。一天下来，不仅孩子的小窝收拾得挺干净，就连家里也整洁不少，而孩子的"收入"也能达到10~15元。张妈妈觉得这个法子不错，打算接下去继续"雇"孩子做家务。

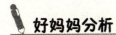

好妈妈分析

在日常生活中，经常会有家长为了奖励孩子取得好成绩或做家务会以金钱形式"贿赂"孩子，但是时间一长，弊端就会显现，如在案例一中的孩子会变得花钱大手大脚，甚至认为学习的目的就是挣钱，幸好家长及时发现这个问题；而在案例二中张妈妈的儿子，表面上看是变勤快了，但是很明显，他做家务是有很强的功利性的，一旦没有了这个"贿赂"，他肯定不会再做家务。

很多研究者认为，中国父母用金钱奖励孩子的"好成绩"和"突出表现"，表现出的是对孩子"有条件的爱"，很容易使亲子关系变得功利化，令孩子丧失安全感和自信心，也容易令孩子的学习动机和道德观念发生扭曲，同时也会让孩子对钱产生的兴趣要远远大于做事情本身。而与之相反，美国父母祝贺的是孩子本身取得的进步，表现出的是对孩子"无条件的爱"，这才是值得中国父母借鉴的，因为在他们眼里，孩子学习成绩好和承担家里的一些力所能及的家务是义务，不会存在用金钱来贿赂、奖励的问题。

因此，家长不要和孩子做交易，应该让孩子知道，学习、做事都是他们应该做的，而不是为了挣钱。家长和孩子之间不应该存在交易的观念。况且学习成绩好坏的原因是多方面的，只有分析原因，对症下药，才会有好的效果。不在分析原因上下功夫，不研究具体的指导措施，只简单化地以金钱作为奖励方法，恐怕成功也是暂时的。

好爸妈支招

我们都说家长是孩子人生中的第一位老师，在生活中，父母应该为自己的孩子树立榜样，平时在家干家务时可以教育孩子，让他们认识到劳动是美

德。家长在自己干家务的时候可以抓住机会让孩子跟自己一起劳动，让孩子感受到做家务的快乐。孩子在参与家务劳动后，应以口头表扬为主，这样就可以培养孩子自己的事情自己做的好习惯，比如日常的房间整理、洗自己的小衣物等。当然，孩子毕竟是孩子，可以在孩子做了一些家务后，给他们一点鼓励，比如奖励给他们一个小礼物，或者带孩子出去游玩，或者使用累计奖章的方式，做完一天的家务，就给一个奖章或者一朵小红花，累计一定数量的奖章之后，就可以换取一个奖品。同时，玩游戏、讲故事等也都是鼓励孩子做家务的很好形式，通过这些行为肯定孩子勤奋、刻苦的行为，这样能够激发孩子的内部动机，使孩子保持学习热情，使学习行为更为踏实、长久。

总之，孩子表现好时，父母不要拿金钱来贿赂孩子，而要分享孩子内心的喜悦，为他取得的成功而欣喜；学习受挫时，父母要理解和体谅孩子，鼓励孩子超越自己，只有这样，才能引导孩子产生更高的学习动机，孩子的学习动力就会源源不断，这才是教育的好方法。

剥夺孩子的空间，孩子会越来越逆反

 家教现场

雯雯自上初中后，就把自己的东西锁在一个小柜子里，钥匙总是藏起来。一天下午，妈妈在打扫卫生时，发现女儿的钥匙放在桌子上，又惊又喜，准备打开柜子看看女儿究竟藏着什么秘密。

这时，丈夫制止说："你这样做，必然会引起女儿的反感。"

果然，第二天一大早，女儿醒来就大叫起来："你们怎么打开了我的抽屉！"

妈妈斩钉截铁地说："没有！"

女儿叫道："我在钥匙上放了一根头发丝，怎么不见了？"

母亲猛地倒吸一口凉气：幸亏听了丈夫的话。

女儿说："我所有的东西都有暗机关，只要你们动了，我都能知道！"

女儿的话让母亲大吃一惊：她这不是把我们当成"特务"了吗？

女儿打开柜子，看见里面的东西纹丝不动，道歉说："还好，你们没看，冤枉你们了，向你们道歉。"

一场风波就这样化解了。

"我最讨厌的事情，就是爸爸妈妈偷看我的东西、偷听我的电话。我觉得他们看我就像看贼一样！这样下去，我觉得和他们的距离越来越远，现在都不想和他们交流了。"上海市一名初三学生如此诉说。

调查显示，当孩子和同学聊天或者打电话的时候，有50%以上的家长会坐在旁边听甚至是躲在旁边偷听。"其实我们只是和同学聊聊天而已，可是爸爸妈妈总觉得我们在说什么秘密，总想偷听我们说话，所以现在我喜欢一进屋就关上门。"一位女学生说。而孩子的家长也表示出自己的无奈："她有什么话都不跟我们说，我们也是没办法，才想偷听她说话。"

好妈妈分析

孩子在小的时候，总会把发生的所有事情通通告诉家长，但是随着年龄的增长，孩子总会有些自己的小秘密。面对这样的改变，家长总会按捺不住想了解孩子的所有秘密，所以有些家长要么采取"偷看"或"偷听"的形式研究孩子的空间，要么通过"穷追不舍""严刑逼供"的方式去了解孩子的空间，殊不知，这样剥夺孩子的空间，很容易引起孩子的反感；不如尊重孩子，放手让他们自己去处理自己的事情。

每个人都渴望自由，想要拥有一定的私人空间，让自己好好地释放和独处，这种情况也同样适用于孩子。孩子在日常的学习和生活中也渴望一定的自由和私人空间，特别是进入青春期的孩子，心里开始有了一些小秘密，这些秘密是只能自己品味而不能与他人共享的，而一到孩子的青春期，家长就

恨不得给孩子装上一个跟踪器，想时刻了解孩子的动向，生怕孩子一不小心就误入歧途。父母对孩子的过分保护使孩子失去自我，无法全面客观地看待自己，观察社会。父母对孩子的过分保护会产生两种极端的结果：一种是孩子对父母的指引全盘肯定，对父母过于依赖，形成思维惰性，无法选择适合自己的生活道路；另一种是孩子对父母的要求全盘否定，陷入盲目的敌对之中，强化了青春期的"逆反"心理。

好爸妈支招

每个孩子都是一个独立的个体，而不是父母的私人物品，家长疼爱孩子，有时甚至总是拿自己的想法去衡量孩子，认为要随时掌握孩子的所有信息和情况，才能使自己放心，才能时刻掌握孩子的动向，帮助孩子更好地成长。其实家长的这种想法是不利于孩子成长的，父母要尊重孩子的私人空间，要培养孩子的独立人格。父母和孩子都是具有独立人格的个体，谁都不能将自己的主观意志强加给对方。而且父母与孩子之间要保持适当的心理距离，对于孩子的小空间和隐私要给予尊重。随着孩子慢慢长大，父母不可能始终陪伴在孩子身边，为他的一切选择做主，如果能及早培养孩子的独立人格，孩子就能独立承担人生中经历的风雨和考验。

孩子长大了，父母要牢牢记住："一个人不能控制另外一个人"。如果希望孩子以后能独当一面，就要放弃"控制孩子"的思想，不要剥夺孩子的空间，放手让孩子去选择、去决定，父母只要做好适当的引导即可。父母不能"教导"孩子，而应该在陪伴中引导孩子去学习，使孩子能够更加准确地判断和选择。

第七章

有原则地赞美和鼓励

赞扬要针对孩子做的事，不能涉及孩子的品质

家教现场

张女士在美国留学期间认识了一些美国朋友，也见识了美国母亲教育孩子的做法，受益匪浅。和张女士在一个办公室工作的杰西卡是一位9岁孩子的母亲，她为人热情友好，常常邀请张女士去她家玩。

一次，张女士去她家做客时，一进门便看见杰西卡的儿子汤姆在院子里帮着妈妈除草，小家伙干得十分起劲，草也弄得很干净，于是张女士便走过去赞扬他道：你太懂事了，真是一个乖孩子，太棒了！没想到听完我的这番话后，杰西卡却皱了皱眉头。

又有一次，张女士和杰西卡一家人外出吃饭，在饭桌上，汤姆说自己这次考试5门课程，有4门都得了A，张女士连忙夸他说，你真聪明，好厉害呀，将来一定特别有出息。

张女士本以为杰西卡听到自己对她儿子这番夸赞，一定会非常高兴，心情大好。但没想到，杰西卡并没有表现出多高兴的样子，而是立即对汤姆说："你确实很努力，妈妈为你感到高兴！"

　　第二天，杰西卡跟张女士说：请你下次别再表扬汤姆了。张女士不明白，好多父母都希望自己的孩子受到表扬啊，杰西卡为什么拒绝呢？"你是担心汤姆听到表扬会骄傲起来吗？"张女士忙问。

　　"那倒不是，只是我觉得你表扬的时机不是很恰当，这样对他不好。"

　　杰西卡解释说："你如果要表扬他，应该表扬他所做的事，不要表扬他的人品或性格。就像上次你去我家，当你看到汤姆帮助我除草时，可以表扬他草锄得很干净，这次活干得很不错，而不是上升到表扬他真懂事、很棒、是乖孩子，这两者没有必然的因果关系。"

　　我听了更纳闷儿了，这有很大的区别吗？为什么人品或性格就不能夸赞呢？

　　杰西卡解释："如果你采用后者的话，次数多了，孩子便会真觉得自己很棒、很聪明，但并不是他做的每件事都是这样的啊，比如下次考试没有考到好成绩，或者做某件事情失败了，他便会大受打击，发现自己很笨，也不聪明，这种感觉会让他无比失落，也会觉得你之前对他的表扬和称赞都是不符合事实的、虚假的。等到以后再夸赞他棒和聪明时，他便会觉得特别无聊和虚假。如果遇到性格自卑内向的孩子，他还会觉得对不住你给予的表扬和称赞，从而在心中产生很大的压力，甚至不愿意在你的面前表现。表扬和称赞错了，同样也会对孩子造成极大的伤害和负面效益。"

　　最后，杰西卡还表示，表扬和夸赞孩子时，可以描述事情本身，就事论事，但千万不要上升到评价孩子的性格，可以对他的成绩和表现进行客观的描述，而不是一味美化和拔高孩子，特别是品格方面。

好妈妈分析

　　心理学家H·G·吉诺特研究发现，"孩子受到过分表扬，觉得自己不值得表扬，反而感到不安"。就像案例中杰西卡说的一样，如果表扬有夸大或者上升到品格，就有可能给孩子心理造成一定的压力。做父母的，千万不要以为孩子好哄骗，你说的话几分真几分假，孩子心里也有数。赞扬太过，他会觉得父母没有诚心，很虚假。时间长了，可能就不会在乎你的赞扬了，也会对父母产生心理上的反感和排斥。

毕竟孩子是未成年人，他们的心智尚未发育成熟。对世界、对社会、对人生的看法尚未形成。在这个阶段，给予孩子正确的引导是非常重要的。而赞扬，确实是帮助孩子建立正确的价值观的一种有效途径。但是赞扬必须适度、有分寸，必须针对他的具体表现来称赞。只有这样，孩子才能通过接受你的赞扬获得一种价值认识，知道这件事情自己做得很好，从而得到鼓励。换句话说，有效的赞扬，必须有具体的语境和具体的事情。

表扬要具体，因为表扬得越具体，孩子越容易明白哪些是好的行为，越容易找准努力的方向。例如，孩子早上起床后自己主动把被子叠整齐，如果这时家长只是说："你今天表现得很棒。"这样表扬的效果会大打折扣，因为孩子可能不明白"很棒"指什么，或者听这句话次数多了，就不以为然了。你不妨说："你自己把被子叠得这么整齐，我真高兴！"这样孩子就不仅愿意努力去坚持做好这件事，还会努力做其他的事情来争取获得赞赏。相反，一些泛泛的表扬，如"你真聪明""你真棒"等，虽然暂时能提高孩子的自信心，但孩子不明白自己好在哪里，为什么受表扬，且容易养成骄傲、听不得半点批评的坏习惯。

好爸妈支招

作为家长，首先应该肯定的是，表扬好的行为有利于孩子的健康成长，我们已经意识到有时候赞扬收效甚微，那我们就该思考一下我们的表扬是否不得法。

父母在平时的教育中不要直接赞美孩子的品性，而应该赞美孩子的具体行为。也不要夸大其词，这样会使孩子骄傲自满，自以为了不起。举个简单的例子：周末的时候，孩子把家里打扫收拾了一番。妈妈看了，只需要对他说："今天家里可真整洁，看着叫人心里舒服。谢谢你，孩子！"这样就可以

了。像其他什么"你真棒""你今天真是乖"这样的话，就不必当面对孩子讲出来了。说起来，孩子只是做了一件力所能及的事，他内心也十分希望自己的努力能得到肯定，至于自己是否"棒"、是否"乖"，他也许根本没想过。

由此可见，父母的赞扬只需中肯就行。过分赞扬可能骄纵孩子。难以想象，一个在生活中听惯了好话的孩子，将来对自己会有清醒的认识吗？长大了能虚心接受别人的批评或意见吗？我们不能让孩子在受责备的环境中成长，但是也不能让他们整天泡在甜言蜜语里。适度适时的赞扬，对于鼓励孩子，帮他们建立自信是非常有用的。但是过度、过分的赞扬，往往让孩子产生一种错觉：觉得自己就是最好的，或者自己做事总是做得很好。于是他们看不到自己的缺点，将来也未必能经受挫折和批评。要记住，赞扬，只是对孩子努力的肯定，也许只要那么一点点就够了。

父母要夸奖孩子的进步

家教现场

案例一：张一洋是北京一所高中的普通学生，今年的高考他以优异的成绩考进了清华大学。

一洋的毛笔字写得不错，小时候刚刚开始会用毛笔写字时，妈妈就开始收藏儿子的作品，那些写在废包装纸、废信封上歪歪扭扭的字，以及现在很像样的书法作品，妈妈都像"宝贝"一样收藏起来。

不管写得好不好，妈妈都会对儿子说的一句话是："只要今天比昨天强就好。"

只要一洋一写字，妈妈就走过来非常欣赏地说："你这字写得不错啊，很好啊！我没怎么见你练习，你就比上次提高这么多啊？"母亲的表扬，把一洋带到了书法的世界里。

一洋在接受记者采访时说："母亲作为我作品的第一个欣赏者，她微笑着看着我一天比一天强大，她的欣赏和鼓励对我很重要。"

孩子的成长是一个漫长的过程，要一步一步地实现，而不是一蹴而就，因此，对于孩子的每一点进步，做父母的都应格外敏感并及时地给予鼓励。

案例二：初三学生吴宁将自己的期中考试成绩告诉父母后，换来的是一声声埋怨。由于总成绩较以前有所下滑，所以父母在没有认真分析原因的情况下，就抱怨吴宁这个学期开学以来没有好好学习，一点不像以前那么自觉，经常心不在焉，一天到晚不知道脑子里在想什么。但老师在分析讲评试卷时，却说吴宁的语文比以前有所进步。想起父母先前的抱怨，吴宁也就没心情把这个小小的进步告诉他们了。

好妈妈分析

上面两个案例反映了家长针对孩子平时表现的两种截然不同的态度。在案例一中，母亲善于发现孩子的点滴进步并及时给予鼓励，造就了孩子阳光自信的性格；而在案例二中，父母的这种做法很可能会阻碍孩子的积极转变，影响孩子下决心弥补不足、改正缺点，时间久了，可能会导致孩子越来越悲观。

发现并赏识孩子的进步，不仅影响到孩子学习和做事的效果，而且会影响到孩子对学习和做事的态度。对孩子来说，细微的进步和巨大的进步是同义词，父母如果想让孩子取得更大的进步，就要细心观察并善于发现孩子的点滴进步，给予他们充分的肯定，帮助孩子不断树立战胜困难的信心。

相反，无视孩子的进步，仅仅因为孩子没有达到"最佳"或自己心目中理想的标准，就全盘抹杀孩子的成绩，这是对孩子的一种伤害。每个孩子在学习或者生活中总会有一些让父母不满意的地方，比如成绩没有别人好，做

事没有别人快，脑筋没有别人聪明，但是只要有一点，孩子一直都在进步，作为家长就应该给孩子鼓励和希望。

 好爸妈支招

在我们教育孩子的过程中，当对孩子的每一点进步都有所表示以后，你就会看到孩子不断进步。话语虽然很简单，但是孩子却可以心领神会。比如当孩子无论在学习或生活上有进步时，父母一定要不失时机地给予表扬和夸奖。孩子背下一首古诗词、多记住几段英文对话、能自己独立将房间收拾整洁等都可以看成是孩子取得的小进步。父母要善于发现这些小进步，并将其适当放大，也可针对这些进步总结出几句激励的话语，并制作成小卡片贴在孩子的书桌、床头前，作为孩子继续努力前进的动力。

还需要提醒父母的是，平时不要觉得孩子取得的进步太小，不屑于说出来。在孩子看来，只要自己取得一点点进步，父母就应该是高兴的，就应该表扬自己。可是有的父母总是用大人的标准要求孩子，因而孩子很多时候很难达到父母的要求。这样孩子就很难看见自己的进步，就会产生自己没有用的想法，从而丧失了前进的动力。所以，父母平时要多细心观察，捕捉孩子的优点，对孩子的点滴进步及时进行表扬，这样才能不断增强他们学习的信心和兴趣，帮助他们形成积极的自我暗示。长此以往，孩子们能从小进步中找到自信，认识到自己的能力，体会到成功的喜悦，这样才能时刻保有对学习的热情。

由此看来，父母随时都要看到孩子的进步，尤其是在孩子表现不好或者成效不明显的时候，不要打击孩子的信心和积极性，而应该善于发现孩子哪怕是一点点的进步，对孩子的表现给予宽容，对孩子的进步给予赏识，这将会让孩子建立或者重新建立把事情做好的勇气和信心，更乐观地走下去。

帮助孩子认识到自己的长处

家教现场

程平平和程安安是一对双胞胎，两人在同一个班上学习。听老师反映："程平平头脑灵活，思维敏捷，但上课总爱问这问那，有些问题弄得老师不知该如何回答。他爱看书，经常连上课的时间也不放过，他看的书很多，有成语故事，有童话故事，有唐诗三百首，有漫画书，等等。"

确实，平平和安安虽然是双胞胎，但是两个人的性格差异很大，安安就比较听话，成绩也好，但平平却非常好动，上课总是爱捣蛋，成绩也一直上不去。但是他确实爱看书，常常会在匆匆完成作业后，津津有味地读起书来。但是老师反映平平上课也看书，这样显然就会影响他的学习。妈妈也跟平平说了好多次，都不管用，的确让人头痛。

后来妈妈想，既然说了这么多话都听不进去，何不反其道而行之呢？平平不是喜欢读书吗？何不利用这一点来培养他的责任意识呢？于是妈妈把平平和安安叫到跟前说："平平你爱读书的习惯特别好，这就是你的优点，为了让安安向你学习，你们俩每周要背一首新诗，这件事情主要由你负责，主要是搜集古诗，每天做完家庭作业后背诵20分钟，不仅平平你自己要会背，也要监督保证安安也会背。"平平愣愣地看着妈妈，而后重重地点了点头，因为平平想，平时像这种事，肯定是由成绩好的安安来承担，现在发现妈妈赞扬了我爱读书，那我就一定要把这事做好。

以后的几天里，平平回家做完作业就和安安一起读诗，检查背诵，信心满满。后来听老师说，平平上课也认真了许多。

好妈妈分析

对于每个有问题的孩子总会有方法来解决，关键是采取什么方法，用

什么样的态度去做。如果家长发现孩子读闲书就一味禁止没收的话，肯定会引起孩子的反感，与其这样，还不如换个角度，爱看书也是他的一个长处，让他换种方式好好为学习服务，岂不是两全其美的事？作为家长，我们应该努力发现他们身上的长处，而后充分利用这一长处，让他们体验到成功的喜悦，使他们增强信心，去争取更大的成功，这才是行之有效的方法。

我们常说，生活中不是缺少美，而是缺少发现美的眼睛。人的智能发展都是不均衡的，特别是在学生时期，都有自己的优势和弱点，而当一个人一旦找到自己的最佳点，使个人才能得到充分发挥的时候，就能够取得惊人的成绩。所以家长要敏锐地观察和分析孩子的情况，及时发现孩子的优点、长处和积极因素，并抓住一切有利时机加以肯定和引导。

好爸妈支招

每个孩子都有优点和缺点，如果你看到了他的长处，并对他的长处加以肯定，那么，你一定能和他成为朋友。所以，在日常生活中，父母应该帮助孩子认识到自己的长处，并让它放大，这样就能够有效地帮助孩子提升自我、成就自我。其实，在父母发现孩子长处的时候，自己很开心，在帮助孩子进步的过程中，孩子也会很高兴，这样就能拉近亲子关系。

想要发现孩子的长处，家长首先要认真观察，要肯定孩子是有长处的，不能每天都盯着孩子的缺点不放。有的孩子很优秀，闪光点显而易见，对于这样的孩子，家长只需要帮助孩子不断提高、鼓励孩子不断提升自我就行。但是有些孩子可能长处不是那么多，但无论多么平庸的孩子，他都有自己的长处，只要父母细心观察，就一定能找到，比如，孩子的总成绩比较靠后，但是数学成绩可能比较好，那么妈妈可以夸奖孩子数学成绩优秀，并指导孩子继续加强对这门学科的学习，体会到优异成绩带来的快乐和成就感，慢慢帮助孩子爱上学习，从而提高整体成绩；有的孩子比较好动，有时候甚至会搞小破坏，这让父母非常头疼，但是他们的运动细胞比较发达，父母就可以利用孩子在体育方面的优势帮助孩子获得努力的快乐。

总之，父母要擦亮双眼，改变往日的偏见，帮助孩子发现自己的长处，通过正确的教育和引导，让孩子慢慢地取得进步，不断提升自己。

赞扬怎样用，才能帮助孩子树立自信

家教现场

烁烁是个小学二年级的小姑娘，妈妈为了照顾她辞去了工作，平时家务都是妈妈一手包揽。

有一天妈妈买菜回家，忽然发现家里变了样。

"烁烁，感觉家里一下子变得好整洁啊，妈妈早上起来还没来得及收拾，看上去乱糟糟的，没想到我去买菜的工夫，你一下子就把它收拾得这么干净。"

"对啊，你看我做到了吧？"

"沙发上原来到处都是脏衣服，桌上还有脏的果盘，床上被子也没叠呢。"

"是啊，我把它们都收拾干净了。"

"烁烁，你把这些弄完是不是很辛苦啊？"

"嗯，我费了好大的劲才弄好呢，收拾餐桌上的东西我是站在椅子上才够得着哦。"然后烁烁眉飞色舞地给妈妈描述她是怎么一样一样地收拾的。

"现在家里看起来真舒服，谢谢你，烁烁。"

"不客气。我以后就可以帮你干活啦。"

烁烁亲了妈妈一下，然后回到自己的房间写作业去了。

妈妈的话让烁烁为自己的劳动感到高兴，也让她因此更自信地觉得自己能做好家务了。

晚上爸爸下班回来，烁烁迫不及待地告诉爸爸今天家里都是她自己收拾

的，爸爸高兴地说："你真能干，是爸妈的好女儿。"

可是烁烁听起来没有那么开心，"嗯"了一声就转身看电视去了。

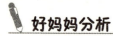

好妈妈分析

案例中爸爸妈妈不同的表扬方式让孩子的反应也不同。妈妈的赞扬让孩子觉得自己这次做家务做得很好，因而以后会更加自信地帮助妈妈干活；而爸爸的赞扬却让孩子觉得有点迷茫，因为自己还没有爸爸说得那么好。

大多数人相信赞扬可以建立孩子的自信，让他们有安全感，但实际上，赞扬也是有技巧的，不合适的夸奖反而会让孩子觉得无所适从。能让孩子产生自信的夸奖应该包括两个部分：我们对孩子说的话以及孩子听了我们的话后在心里跟自己说的话。我们的话应该明确表明我们很喜欢、很欣赏孩子做出的努力或者工作，如果能描述出孩子在做的过程中面对的困难，那就更好，因为这样就会和孩子产生共鸣，孩子也喜欢和父母交流他是如何克服这个困难的，这个过程会让孩子无比自豪和自信。

好爸妈支招

我们知道，合理地运用赞美就仿佛用一支火把照亮别人的生活，让对方感到高兴和自信。赞美是一件好事，但绝不是一件易事。那么如何赞美才能让孩子感到更自信呢？

1. 父母的赞美要清楚、及时

"清楚"使孩子明确自己做得对，从而有助于他们把成功归结于自己的努力；"及时"表明反馈的时效性，及时的反馈和赞美才是有意义的。

2. 赞美的重点应该是在"努力"上，而不是在"能力"上

对孩子的赞美和奖励应根据孩子是否尽了力，是否在原来的基础上有了提高，在实施的过程中孩子克服了怎样的困难，这样才能让孩子觉得父母是

真正看到了自己的努力。

3. 赞美孩子要具体、有根据

注重赞美"具体行为"和"具体细节"，这样孩子会觉得自己在完成这些细节的时候很了不起，从而才会更有自信。

4. 对孩子的赞美要有新意

如果只是一味地进行简单赞美，孩子就会陷进"赞美疲劳"，所以还应该不断选择新的角度发掘新的内容，特别是潜在的优点，比如孩子如果学习好，仅仅是称赞他学习刻苦、成绩优异，就显得没有新意，还不如赞美他学习方法独特，效率很高，以便促进他更加注重效率和方法，会使他的成绩"更上一层楼"。这就要求我们要有敏锐的观察力，要善于从新角度上看问题，能从孩子表现出的细微处及时发现孩子身上潜在的东西，给以赞美和肯定。

5. 要用感谢代替赞扬

当你发现孩子做到了一些对他而言是非常不容易的事情时，你可以这样对他说："谢谢你在我做午饭的时候耐心等待。我知道你一定很饿了，等这么久一定很不容易。"

6. 赞美要选择适当的方式

只有适合孩子的赞美方式才是有效的，在赞美孩子时要做到大小有别。小孩子喜欢父母的拥抱、亲吻、抚慰，或说一些亲切的话语，而对大孩子，这一套可能就行不通，这时，你可以采用眨眼、竖大拇指、拍拍孩子的肩膀等方式。另外，也可以适量地对孩子比较大的进步进行物质上的鼓励，比如送一个小礼物，但不能滥用，不能让孩子轻易得到自己想要的东西。

总而言之，如果爸爸妈妈在赞扬孩子的时候能够注意到以上几点，那么孩子不仅能从父母的赞扬里获得快乐，更能获得自信和前进的动力。

避免起到反作用的赞扬

 家教现场

　　文博从小就特别聪明，甚至被家乡人称为"神童"：两岁就认识了1000多个汉字，4岁就完成了小学的课程。自从文博会走路时，他就不断地听到别人说他"聪明""太棒了"等。不仅仅是他的父母说他是个"神童""天才"，接触过他的其他成年人也这么说。

　　但是随着学习的深入，文博反而越来越害怕困难。尽管文博知道自己聪明，但却不能将这一点转化成他面对学业困难时无惧无畏的信心。文博的父亲发现现在的文博越来越奇怪，越来越没有信心："文博并不想尝试他不能成功的事，有些事可能解决起来会有一定的难度，但是当他遇到这种情况时，总是立刻放弃，并归结于'我不擅长这个'。"文博总是在匆匆一瞥之后就把世界上的事情划分成他天生擅长的和他不擅长的两类，对于不擅长的事情，他一点尝试的勇气都没有，他害怕自己解决不了，如果这样，就显得自己不是大家眼中的"神童"了，所以与其被大家认为"不再聪明"，还不如放弃。

　　就这样，慢慢地，大家眼中的"神童"不再那么"神"了，学习成绩也慢慢地下降到同龄人的水平。而当他碰到困难时，解决问题的能力和心态反而不如其他同学，慢慢地，他变得越来越平庸，留下的只有惋惜。渐渐地，他接受不了别人对他看法的改变，性格变得越来越孤僻，天天躲在家里不肯出门。

 好妈妈分析

　　在上面这个案例中，文博的结局让家长明白了一个道理：赞扬鼓励固然很重要，但是要赞扬恰当，不恰当的赞扬反而会让孩子失去方向，起到反作用。

　　很多家长都发现，要想让孩子听话懂事，就要常常表扬。教育学家也认为，正确的表扬有助于培养孩子的自我意识和独立能力。但表扬也是非常讲究的，孩子们需要的是你发自内心、恰如其分的表扬。然而有时候，我们的一些不恰当的表扬反而会伤害孩子。如果孩子被称赞聪明，那么他很可能不大愿意接受富有挑战性的学习任务，因为他们不想因冒险而失去"聪明"的帽子。相反，如果赞扬得当，我们对孩子的努力进行赞扬，那么他可能对艰难的任务会尽力去完成。

好爸妈支招

　　新一代父母越来越意识到"鼓励教育"的重要性，但不适当的表扬却可能吞噬孩子的自信，让本来聪明的孩子变得胆小。那么，哪些赞扬是我们应该避免的呢？

1. 那种缺乏针对性的表扬我们要避免

　　当孩子得意地把我们叫到身边，展示他花了一个下午时间完成的拼图时，类似"你好厉害啊"这种简单的表扬并不是孩子需要的。孩子能够把几百张五彩斑斓的小卡片凑成一幅图案是需要很大的耐心、自信心及相当程度的观察力的。从最初的无处下手到最终的拨云见日，他一定经历了很多次从困扰到停滞、从企图放弃到发现转机的过程，这也正是他最有成就感的地方。所以，如果家长能说出"这两片好难区分啊，你把他们找出来一定花了很长时间吧"之类的话，他可能会激动得热泪盈眶。而哪怕只是稍微具体一点，如"你给每片小卡片都找到了正确的位置，你眼力和记忆力真好"，这远比"你真厉害"几个字更让孩子受用；否则，他会觉得家长完全不了解其中的难度，或根本是在敷衍他。如果孩子听到这种赞扬的时间长了，就会有种沾沾自喜的感觉，以后再次碰到困难时，反而因害怕别人说自己"不再聪

明了"而不敢去尝试。

2. 低估孩子能力的表扬也要避免

有一次，我们看到6岁的小外甥穿着旱冰鞋娴熟地来回穿梭，于是外公和蔼可亲地说道："你好棒啊，这么小就能滑旱冰了。"谁知小伙子立刻表现出一副被侮辱的样子，"我3岁就会滑了，我邻居也是3岁就会滑了"，然后气呼呼地走了。这场景是不是很常见？其实，低估孩子能力的表扬，只会让他们感到不快。有时，成年人低估孩子的能力是因为有偏见，但孩子有敏锐的触角，能分辨出言外之意。因此，作为家长，要在一个公平的水准上评价孩子，不要因为家长的偏见，让表扬成为对孩子变相的不屑。

3. 为了表扬而夸大事实是不可取的

夸大事实的表扬一般不会得罪孩子，但如果父母们把孩子捧上天的话，必须想到孩子在某些时候会跌落下来。任何时候，如果因为一点小事就把孩子奉为"天才"，将会在三个方面伤害到孩子：一是妨碍孩子对自己能力的客观认识，因为他会长期高估自己；第二是孩子会像上瘾了一样渴求赞美，并且非常看重来自外界的承认；第三是很多研究都表明，夸张的表扬会使孩子的耐性、宽容程度以及应对挑战和竞争的能力都大为降低。案例中的例子就很好地说明了这点。

总而言之，赞扬是每个孩子成长中都需要的，但是家长要掌握赞扬的技巧，才能让孩子被这些赞扬所激励；相反，不合适的赞扬就会对孩子产生不良的影响甚至是伤害。

试试看，这真的一点也不难

家教现场

薇薇上三年级，班级进行班干部竞选，班主任要求学生自己上台演讲，然后进行投票。所谓"初生牛犊不怕虎"，薇薇回来告诉妈妈，全班45位学生，报名参加竞选的就有28个。然后薇薇告诉妈妈她也没想参加。妈妈很纳闷儿，从上小学开始，薇薇都是班上的副班长，而且一直都干得不错，只不过原来一直都是老师指定的，是不是这次要公开演讲竞争而让薇薇感到退缩呢？妈妈轻轻地问她为什么。她却说"我不想！"看得出来，她没说真话，也很不高兴，眼神里还流露出抑郁的目光，好像有很重的心事。这可不像平时的她呀，平日里她对待同学很热情、很乐观，和同学的关系也挺好，怎么会一下子变成这样呢？

"你不是做了好几年的副班长了吗？你这次就准备这么放弃了？是怕同学对你的评价不好吗？"

薇薇拧了拧衣服，轻轻地说："也不完全是，因为老师说要公开演讲，我有点害怕，另外，有一个比我优秀的同学也要竞选副班长，要是我落选了多丢人啊，还不如不参加呢。"原来如此。妈妈终于了解了孩子的真实想法，看来她自己还是愿意去争取的，只是由于胆怯和面子问题而放弃。

妈妈说："如果你觉得原来没有做过公开演讲竞争而害怕的话，你看这样行不行，你自己准备一下，把我和爸爸还有爷爷奶奶当成你的老师和同学，在这里模拟一个演讲现场，你就当自己上课举手发言了，不要害怕！另外，你说还有一个同学也和你竞选一个职位，这个你更不用担心了，你原来做过好几年了，老师同学都对你很认可，如果真的落选了，反而说明你和她有差距啊，以后就有努力的方向了，还是好事呢。再说，你们班28个同学都参加竞选，肯定有大部分都会落选，这是很正常的事情，你觉得他们会丢人吗？"薇薇摇摇头，"这就对了嘛，就是落选，也一点都不丢人。来，试试看，这真的一点也不难，你尝试一下，我们给你把关！"经过妈妈这么一说，薇薇忽然觉得心里豁然开朗了。是的，试试看，尝试了，也许就不会觉得难了。

于是，在晚饭后，薇薇在家里进行了模拟竞选，演讲完后，家里的观众

给薇薇提了一些建议。第二天，薇薇以流利的演讲和自信赢得了同学和老师的投票，再次顺利当上了副班长。

好妈妈分析

孩子第一次做某件事情，难免因为担心失败而有许多犹豫，这个时候，最需要的是父母的鼓励。家长一句"试试看，这真的一点都不难"，会让他轻松不少。至少他明白了，结果好坏并不很重要。就像案例中的薇薇一样，面对第一次公开演讲竞选，自己心里会打退堂鼓，但是妈妈的鼓励解开了薇薇的疑虑，抱着试一试的心态完成了自己的第一次尝试。

虽然"试试看，这真的一点都不难"这句话简单，但是暗含了"你能行""我相信你"和"失败了也没关系"三层意思，孩子是能够从父母的话语和眼神中感觉出来的。这三层意思，一个肯定了孩子的能力，一个表达了父母的信任，一个表明了结果并不重要。在这样的暗示下，孩子毫无心理压力，而且兴致被调动起来，在实际操作的时候，也就能真正发挥出自己的水平。如果家长经常这样鼓励孩子，孩子也就有了更多的锻炼机会。他在不断的尝试中，建立了自信心，能力不断得到提高，再遇到什么事情，不用父母说，他都会主动去尝试。

好爸妈支招

现在的父母，习惯了对孩子说"不许……"和"一定要……"，而不善于用"试试看"三个字。也就是说，家长们习惯了用命令的口气，而不是用鼓励的方式来教育孩子。非但不鼓励，反而在孩子主动要求做某事的时候想也不想就一口回绝。只能说，这样的父母把孩子锻炼自己的大好机会白白给毁掉了，还严重打击了孩子的积极性。比如，孩子要求切菜的时候家长不要担心孩子会伤着自己；他主动要求学骑自行车的时候家长不要因为担心孩子会摔着而一口禁止，相反，家长应该高兴地鼓励孩子去试一试，这些事情确实具有一定的危险性，但是家长完全可以协助孩子避免危险的发生。如果孩子没有主动要求，家长要适时地鼓励孩子做某事。例如，对胆小的孩子，你可以试着让他一个人睡一个晚上；带着孩子在超市买东西，你可以让孩子来付款结账，可能孩子会因为自己没做过而拒绝，这个时候就需要家长说："试试看，这真的一点也不难"。经过实践，孩子就会发现只要自己肯尝试，很多事情自己是可以独立去完成的。

　　父母要创造机会给孩子做从来没做过的事，他的经验和阅历就会慢慢丰富起来，对自己也逐渐产生信心。当然，父母在让孩子尝试的时候要注意两点。首先，不要苛求结果。父母的目的是让孩子通过一次尝试获得经验，锻炼能力，培养自信。结果只是一个形式，最实质的内容还是在这个过程中孩子是否真正受益。所以，父母在鼓励孩子的时候，不要强调他一定得成功。其次，不论孩子失败与否，都要对他的勇敢尝试给予赞扬。孩子在父母的鼓励下做了某件事，不论他做得好不好，都付出了努力，并且战胜了自己的怯懦。这一点是必须给以肯定的。

　　在孩子的一生中，挑战无处不在，孩子随时可能面对失败，一个人要达到成功，必须经受得起挫折，需要坚强的意志。因此，无论是快乐、失望，还是痛苦，都要让孩子自己去尝试、去体验、去经历。所以从现在起，在孩子面对第一次感到怯懦时，家长不妨说："试试看，这真的一点也不难，你行的！"

鼓励可以，不要把经验强加给孩子

家教现场

　　露露上小学二年级了，为了让女儿多吃蔬菜，妈妈每顿饭都尽量多准备几样蔬菜，让她都尝试一下。可是，露露就是不喜欢吃西红柿和苦瓜。妈妈

总是给她讲："我们要吃不同种类的蔬菜，这样才能获得更多的营养成分，对身体才有好处。"

妈妈话还没说完，露露就噘着嘴说："我就不爱吃西红柿，酸酸的，吃到嘴里牙都不舒服。苦瓜就更别提了，那么苦，吃一口，再吃别的菜都是苦的，你让我怎么吃？"妈妈依旧不厌其烦地说："吃东西不要光讲好吃不好吃，我们都讲究营养搭配。你没尝试着吃，怎么知道自己就不会喜欢吃呢？吃着吃着，说不定你就会喜欢上它呢！"女儿反驳说："这不是有别的蔬菜吗，我吃豆角、茄子、土豆，这些蔬菜不都有营养吗？反正，我就是不吃西红柿和苦瓜！"妈妈还是耐心地继续说："任何蔬菜都有其他蔬菜比不上的营养成分，多尝试着吃，就像读书一样，广泛阅读，获取的知识才丰富……"

女儿放下筷子，有些生气地说："妈妈，你又开始讲大道理了。难道你说的都是对的吗？就算你说得对，那你怎么从来不吃大蒜？大蒜不是对身体也好吗？你不吃大蒜，不也照样好好的吗？妈妈，你不要把你的经验强加给我！"妈妈顿时哑口无言了。现在的孩子都伶牙俐齿的，妈妈还真说不过她。

妈妈说，她们母女间类似的对话，时有发生。不过后来仔细想想，女儿说得也有道理。生活中，父母总喜欢把自己的经验想法强加给孩子，总以为自己的生活经验丰富，想法一定没错，所以很多时候都强迫女儿听父母的话。除了吃饭，还有其他方面。比如买衣服，妈妈总用自己的眼光判断漂亮不漂亮，却不管女儿的喜好。还有上辅导班，父母总认为孩子的任务只有学习，所以一定要将业余时间排满各项文化课。最后结果就是：女儿买了自己不喜欢的衣服，根本不愿穿出去；上了不喜欢上的辅导班，成绩一点都没有提高。

好妈妈分析

上面案例中的情形在很多家里也会经常发生，父母认为自己是家长，自己的经验比孩子丰富，他们更能分清什么该做、什么不该做，孩子听自己的话、按自己的要求做这做那是天经地义的事，殊不知，孩子们并不领情，他们有自己的想法，虽然不得不按照父母的要求去做，但是效果甚微，因为他们不愿让父母把他们的经验强加于自己身上。

许多父母都认为孩子还小，什么都不懂。如果让孩子自己做主，不知他们会做错多少事，走多少弯路，造成多少损失。其实，孩子虽然小，但并不代表他们的想法就完全不值得尊重。孩子合理的需求、健康的爱好、正当的想法理应得到尊重。即便孩子还有许多不成熟的想法，家长也应给予相对的尊重和理解；家长也可以在不伤害孩子自主性与自尊心的前提下，把自己的想法巧妙地传达给孩子，用自己的经验鼓励孩子，而不是通过指使、命令这样简单粗暴的方式进行。

好爸妈支招

其实，孩子们的有些想法并不是没有道理。回想一下，我们的好多经验都是自己从实际经历中得到的，只有实践了，总结了，才会让我们避免犯错。孩子大多都不愿意听这句话——"你必须这么做"。这样孩子就会觉得父母是将他们的想法强加于自己，难免会有抵触的情绪。此时，如果家长换个方式说——"你可以试试看"。一个没有尝试过其他可能性就接受父母建议的孩子很难有创造性，因为他们不会知道经验之外还有一条更好的路。再说，有时候父母的经验不一定都是正确的，所以父母不能强求孩子接受自己的经验，让他们自己去探索、体验才是最好的。

现在，爸爸妈妈应该意识到：孩子的自我选择，是孩子成长成熟的动力要素。孩子只有对本人选择的事，才有兴趣毫不犹豫地去做；只有对本人选择的事，才会积极主动地去做，才会充分发挥本人的聪明才智，有创造性地去做。作为家长，应该信任孩子的天性选择，信任孩子能够选择好。即便孩子一时选择有了过失，也不用少见多怪，成长中的孩子在选择时有些过失乃

至遭受波折，都是正常的。只有信任孩子，让孩子进行选择的训练，最终孩子才能作出正确的判断。

用发展的眼光看待不断进步的孩子

 家教现场

曾经在一次家长培训会上听到这样一个故事。

有一位家长第一次参加家长会，幼儿园的老师说："你的儿子和别的孩子不一样，老是跑来跑去静不下来，估计有多动症，你最好带他去医院看一看。"

回家的路上，儿子问妈妈，老师都说了些什么，妈妈鼻子一酸，差点流下泪来。因为全班32个小朋友，唯有他表现最差；唯有对他，老师表现出不满和无奈，但是她想不能因为这个而怒骂儿子一顿，也许大点了，就变好了。于是她还是告诉她的儿子。"老师表扬你了，说你原来在板凳上坐不了一分钟，现在能坐三分钟了。今天只是妈妈受到了老师的表扬，其他孩子的妈妈可羡慕了。" 那天晚上，她儿子破天荒地吃了两碗米饭，并且没让她喂。

儿子上小学了。家长会上，老师说："全班40名同学，这次他的成绩比别的孩子低一大截，特别是语文成绩，是最后一名，我们怀疑他智力上有些障碍，您最好能带他去医院查一查。" 回去的路上，她心里又特别不是滋味。回家后她分析了一下儿子的试卷，语文确实一塌糊涂，但是数学比上次考试有点进步。于是她对坐在桌前的儿子说："老师说你这次数学考试比上次有进步，让你要加油，以后做题要细心些，这样期末的时候会超过你的同桌，这次你的同桌排在第22名。"

儿子听了，黯淡的眼神一下子充满了光，沮丧的脸也一下子舒展开来。

她甚至发现，儿子温顺得让她吃惊，好像长大了许多。第二天上学时，去得比平时都要早，后来，渐渐地，一回到家儿子就主动地做功课，果然，期末的时候，儿子的成绩进步不少。

孩子上了初中，又一次家长会。老师告诉她："按你儿子现在的成绩，考重点高中有点危险。" 她无疑受到了沉重的打击，但是她想到孩子一路走过来，虽然都受到了老师的否认，但是孩子取得了不小的进步，她不认为孩子没有希望了，也许还有追上来的机会。她走出校门，发现儿子在等她。路上她告诉儿子："班主任说你上初中后有进步，他说了，只要你努力，考上重点高中还是有希望的。"

高中毕业了。第一批大学录取通知书中有儿子那份。儿子拿着重点大学的通知书，边哭边说："妈妈，我知道我不是个聪明的孩子，可是，只有你看到了我点滴的进步，是你一直相信我能取得这样的成绩。"

这时，她悲喜交加，再也按捺不住十几年来凝聚在心中的泪水，和孩子一起分享这十几年中来之不易的幸福。

好妈妈分析

有些孩子的学习成绩不好，老师、同学和家长见了都很头疼，这样给孩子造成了很大的压力，个性强的孩子，就会破罐子破摔；而性格内向的孩子，就会更加自卑。因此，建议家长一定要有信心，用发展的眼光来看孩子，全面地评价孩子，孩子现在的表现不佳，不代表以后就不行。就像案例中的妈妈，如果她在一开始就接受觉得自己孩子笨而对孩子失望的话，她儿子可能就破罐子破摔，不可能取得现在的成绩。

每一个孩子都是不同的，都具有各自独立的个性，随着孩子慢慢长大，家长不能用过去的眼光看待成长中的孩子以及他们取得的进步。任何人都是在不断成长的，过去的错误都是孩子宝贵的财富，过去并不代表未来，孩子过去有这样那样的问题，但那是过去的问题了，相信孩子的未来一定会越来

越好的。

 好爸妈支招

随着孩子慢慢长大，我们对孩子的看法也应该随之改变，不能因为孩子现在的成绩差而否定他的未来，而要看到他现在取得的一点点进步，因为这些进步就是他成长路上不断发展的基石。作为父母，应该怎么做呢？

1. 不要拿自己的孩子与别人的孩子比较

经常听到有的家长抱怨自家的孩子不如别人家的孩子聪明，有的家长甚至当着许多人的面数落孩子没有隔壁家的孩子强。这样会严重伤害孩子的自尊心，使他自卑，缺乏自信心。每个孩子都有不同的优点，总是用孩子弱的方面去比别人强的方面，这是不客观的。父母应该学会用发展的眼光看待孩子的进步，要全面纵向地看待孩子的发展，而不要片面横向地在孩子之间作比较。只要孩子努力了，并在原来的基础上有了进步，就应受到肯定与表扬。

2. 不要只看眼前，应看到孩子以后的发展

孩子之间存在着个体差异，不同个体的机能发育有早有晚。有的孩子某机能的发育较晚，某些方面可能发展较差，这本来是很正常的事，可是有些父母却为此十分苦恼，认为孩子太笨，无法教育。例如，有一个孩子刚学弹电子琴，可是总掌握不好节奏，父母就认为孩子没有音乐细胞，最后决定不让孩子继续学弹琴。其实，孩子的音乐感受能力越差，就越需要音乐的熏陶，况且孩子还很小，不能对其是否具有某方面的潜能过早地下结论。父母必须明确幼儿期最重要的是培养孩子的兴趣，而不在于发展的水平如何。

因此，希望父母能从追求孩子显性的教育效果中走出来，重视孩子取得的一个个小进步，以发展的眼光看待孩子。

多带孩子出去走走，作为对孩子的鼓励

家教现场

在这学期开始的时候，妈妈答应悠悠，要是期中考试她的成绩能和上次比前进10名，那么就答应她本学期每周末就带她去一个地方玩。这次期中考试成绩下来了，悠悠果然没负所望，成绩排名前进了13名，于是妈妈也兑现了当初的诺言，和悠悠一起做起了本学期周末的出行计划。

每到周五晚上，悠悠就显得格外兴奋，想象着明天可以有哪些好玩的，当然她也不会忘记自己准备要带的东西，一样一样地收拾好放在包里。第二天一早，她就兴奋地叫起爸爸妈妈，整装待发。

这一次来到了郊区的一个森林公园，悠悠和爸爸妈妈沿着一条小路行进。两边是茂密的树木、低垂的树枝，在肩头绽开一片片绿意。走着走着，就发现前面有一片河滩。深绿的河水，看不到一丝波澜，如一条深绿的丝带静静铺在那里，泛着柔柔的微光，河边有垂钓的老人，轻轻抛出鱼钩，静坐河畔等候，悠悠看到这里，感叹这里简直是美极了，远离城市的喧嚣，来这里享受这份宁静，这种感觉真好。

不知不觉，悠悠构思出了一篇作文，正好这周的周记作文也有了着落，平时冥思苦想找题材写作文，现在这么好的素材不就在眼前吗？

妈妈看着悠悠兴奋的样子，也格外地开心："自从跟悠悠说起有进步了就带她出来玩后，她对学习就格外用功了，而且每次出来玩都是她亲自组织，她的自理能力大大提高，自己的所有东西都收拾得井井有条，同时也锻炼了身体，以后家里还要经常搞这样的活动。"

好妈妈分析

平时很多家长都将孩子的业余时间安排给各种辅导班，孩子很少有时间能和大人出去一起享受大自然的魅力。其实，"读万卷书，不如行万里路"，这句话很正确，孩子正处于人生发展阶段，他们的认知在很大程度上都依赖于自己的生活经验，生活经验丰富，才会有更多的话要说，才会有更多的想法和发现，经常带孩子出去，不仅能开阔孩子的视野，使孩子放松心情，也能丰富孩子的经历，让孩子锻炼身体，何乐而不为？就像案例中悠悠的妈妈，她发现每周带孩子出去并没有导致孩子的成绩下降，相反还带来了不少的益处。特别是如果把它当成孩子的鼓励的话，孩子会觉得更有目标而干劲十足。

通过这些户外活动，孩子能接触到实实在在的地理风貌、风土人情，这比读书来得真实的多，读书时死记硬背可能会让孩子记混，但是通过旅游，孩子记得再清楚不过了。另外，经常带孩子出去，还可以让孩子适应家庭以外的环境，接触更多的人和事物，锻炼与人交往的能力，培养孩子好的性格，开阔孩子的眼界，多看、多听、多学习，其实玩的时间就是学习的时间。自己经历过的才是最难忘记的，这一点无论对于大人还是小孩来说都适用，所以，在工作的闲暇之余，父母不妨带孩子出去走走，既丰富了自己的生活，也开拓了孩子的眼界，在"出去走走"的过程中，你会发现孩子的变化是多么大！

好爸妈支招

户外活动对孩子的成长非常有利且十分重要，它可以让家长和孩子呼吸新鲜的空气，也可以放松心情，让孩子缓解学习压力，忘记烦恼，开阔眼界。因此，父母要让孩子从小就养成户外运动的习惯。大自然对孩子有着强烈的吸引力，对培养孩子的观察力、动手能力、交往能力、思考能力等都十分有帮助。

在孩子的眼里，树林是他的朋友，蚂蚁是他的伙伴，和大自然的一草一木亲近，孩子就能够和自然亲密对话。所以，家长一定要多抽出时间带孩子去春游，和他一起走一走、看一看、摸一摸、说一说，使孩子感到自由轻松，沉浸在自然环境的美好之中。

用赞扬的语言表达批评的意思

家教现场

淘淘今年9岁了，人如其名，比较好动，有时淘气得让妈妈直瞪眼。

这几天，淘淘受到世界杯的影响，也爱上了踢球。让妈妈无奈的是，他总是喜欢在客厅里踢来踢去。为了这事，妈妈说了他好几次，但是淘淘依然我行我素，想踢就踢。

这一天，爸爸下班回来，发现淘淘又在家里踢球，观察了一下他笑着对淘淘说："儿子，几天没见，你的球技提高不少哦。"淘淘听了爸爸的话，高兴地不得了，踢得更认真了。

爸爸放下包，看见儿子还在认真地踢来踢去，刚好还踢到沙发上了，便对儿子说："你这样踢可不行啊，一是家里的地方小，会影响你，另外，你这样踢来踢去，把家里的地板和沙发都弄脏了，妈妈会难过的，你看她现在忙着做饭，等一下还得忙着收拾屋子，还得拖地，多辛苦，你向来都体谅妈妈的辛苦，这次也一定要好好帮助妈妈保持卫生。"

淘淘听了爸爸的话，觉得确实如此，顿时觉得妈妈特别辛苦，于是赶紧将球收起来说："我吃完晚饭后到楼下去踢，现在帮妈妈把地板擦干净。"

这时爸爸也站起来和儿子一起拖地，并高兴地说："现在儿子知道心疼体谅妈妈了，真懂事！"

淘淘听了爸爸的表扬更开心了，不好意思地说："我以后再也不在客厅踢球了。"

好妈妈分析

在生活中，孩子难免会犯一些错误，当家长发现孩子这些不正确的行为时，心里都会不舒服。如果家长直截了当地批评，孩子会感到特别沮丧，甚至会出现抵触心理。因为有时候孩子没有意识到自己的错或者也不是有意要那么做的。相反，如果家长能换个角度对孩子进行赞扬，说出对孩子的期望，孩子就会觉得受到了鼓舞，就会很自然地改正错误。就像案例中的淘淘一样，妈妈几次批评都没有多大效果，但是爸爸的一次"赞扬"就让孩子很乐意去改正。同样是批评，却让孩子的感受截然不同，产生的效果也截然不同。

赞扬式批评，其核心是"批评"，其方式是"表扬"，也就是说，用表扬的语气、态度和视角指出孩子的不足。这种方式特别适合内心比较敏感、自尊心比较强、性格偏于内向的孩子，他们常常封闭自己，对于家长的批评比较敏感，所以，在对他们提出批评的时候，要注意语气和方法，不能太直接，不能太严厉，要温和些。可以先表扬再批评，或者边表扬边批评，将批评糅合在表扬里，在表示出你对他的关心和期待的同时，让他知道自己的不足。

好爸妈支招

孩子总会做错事的，家长千万不要带着情绪处理孩子的错误，并且语气要平和，这样才是对事不对人的表现，让孩子明白你是针对他的错误，而不是针对他本人，同时要从正面对他提出希望，而不是直接地指责。如果孩子不讲卫生，家长与其指责孩子脏，不如对孩子说："大家都喜欢和讲卫生的孩子玩。"孩子就会明白，这样既维护了孩子的自尊心，孩子也会自觉地朝着父母希望的方向努力。如果家长一味地指责孩子，次数多了，孩子就会觉得自己是个坏孩子，是不讨人喜欢的孩子，这样，他的自尊心就受到了伤害，孩子的心情也会越来越糟糕。

由此可见，在培养孩子的过程中，多用"建议式的批评"和"赞扬式的批评"，引导孩子主动认识问题、解决问题。我们对孩子的教育，是让他们最终成为能独立思考、有逻辑思维、能分辨是非黑白而自愿去改正错误的人，而不是因为害怕家长的权威而被动改变自己的人，要成为前者，就需要父母多采用"赞扬式批评"。

第八章

关于学习，父母和孩子应该怎样沟通

父母不能仅仅关心孩子的成绩，更要看到孩子的进步

 **家教现场**

今天学校公布期中考试成绩和排名。珊珊一进门，爸爸就迫不及待地跟在后面问："成绩出来了吧？考了多少分？"

珊珊一边放书包，一边回过头来说："爸，别的分数还行，就是……"爸爸脸上的笑容一下子不见了，转身坐到沙发上，打断女儿的话："我不要'就是'，就要你的成绩每门不能低于90分。"

珊珊显得有些忐忑了，感觉就像暴风雨要来临了一样，她低着头说："除了语文，都高于90分。就是语文题太难了，我考了84分……那也是我们班的前10名，我们班还有好多人不及格呢……"

听到这里，果然一场狂风骤雨就来了："你怎么老和成绩不好的人比呢？没点儿上进心！你们班有没有考90分以上的？"珊珊轻轻地点了点头，爸爸的声音更大了："别人能考90分以上，为什么你就不能呢？题太难，你们都是一个老师教的，别人怎么不觉得难？说到底，还是你不努力！你看你们班的张扬，他经常考第一，为什么他的成绩就那么好？从现在开始，周末不许看

180

电视，不许出去玩了，我说过，每门功课都不能低于90分，平均95分以上，什么时候你达到这个目标，再考虑周末出去玩的事。"

珊珊小声嘟囔着："不是我说语文难，老师说这次出题偏难了。我一直很努力，连老师都说我进步了……"

爸爸听到孩子的解释火更大了："你还不承认！"爸爸"噌"的一下子站起来，指着珊珊鼻子说："我跟你说，题目难不难我不管，也不管老师说没说你进步了，我就是看分数！就你这也叫进步？你这样还能考得上重点高中吗？要是考不上重点高中，以后就考不上好大学，那你也就没有什么前途了，知道吗？你现在不好好学习，以后都没人要你！"

珊珊听了爸爸的话，眼泪啪嗒啪嗒落了下来，她感觉自己根本就不是学习的料。她心想：反正爸爸觉得我已经是一个不爱学习的孩子了，不如干脆就不学了。于是她的成绩越来越糟糕了。

✒ 好妈妈分析

父母过分看重孩子的分数，这种事例不胜枚举。孩子放学回家，有些父母常这样问孩子："成绩出来了吗？得了多少分？"他们以为这样问，就表示自己很关心孩子，其实不然。父母张口问孩子考试，闭口问孩子分数，孩子会认为你关心的只是成绩，至于孩子取得的点滴进步，家长漠不关心。案例中珊珊的爸爸只在乎分数，不在乎孩子的进步和感受，导致这种悲剧的发生可谓给我们家长好好地上了一课。

很多家长非常喜欢用分数来衡量一切，考好了，欢天喜地；考不好，就乌云密布。这种错误的教育方法往往会导致孩子视分数为性命，造成不必要的心理压力，伤害孩子自尊心，造成自卑。其实，分数不是评价孩子是否努力的唯一标准，考试题目有难有易，分数的下降并不代表孩子成绩的下降，如果家长能把分数看淡一些，坐下来和孩子多分析分析，你就会发现孩子的点滴进步。在这个时候，如果能给孩子一些鼓励和信心，孩子

的成绩自然也就会越来越好。

好爸妈支招

作为父母，引导与帮助孩子提高学习成绩，本来是无可非议的，但是，父母也不可过分看重成绩，要重视孩子的进步，那么，作为家长，该如何做才能对孩子产生积极的影响呢？下面为大家支几招。

1. 家长不仅要看孩子的绝对分数，还要看相对分数

这就是说，家长在看待孩子的分数时，不要仅看分数的多少，一定要看所得分数与孩子自己比是进步了，还是退步了，与班内同学比是什么水平。如果与自己比，进步了，那么家长就应赏识和鼓励孩子；反之，就要帮孩子全面分析退步的原因，以便为孩子制订好下一步的学习计划或方案。

2. 家长不要给孩子规定分数的硬性指标

如果家长给孩子规定考试分数的硬性指标，那么就会打消孩子学习的积极性，以至于孩子产生厌学情绪和逆反心理，还很有可能导致孩子考试作弊、对家长说谎等不良行为的形成。

3. 家长要正视孩子的成绩，帮孩子对试卷做出科学、准确的分析

明智的家长不是批评完孩子后一走了事，而应正视孩子的考分，帮孩子科学、准确地分析试卷，总结经验教训，肯定成绩，指出不足，并耐心地和孩子一起制订出切实可行的计划和提高的措施。

4. 注重培养孩子的良好的学习心态，不纠结在孩子的成绩上

面对孩子的成绩单，不过分地看重多少分，而是去注重学习品质的培养，注意培养孩子学习的积极性，远比单纯地追求多少分，满足家长的虚荣心要好得多，95分和98分在实质上没什么差别。

5. 当孩子成绩不好时，家长要给予宽容和鼓励

每个孩子都有不足之处，更不可能每个孩子都考第一名，总有孩子会落在后面。当孩子在考试中没有得到预期的好成绩时，他已经非常难过了。这时候，父母更不要刺激孩子，而要拿出自己的宽容和安慰，想办法使孩子的目光转向其他方面。

家庭应成为孩子幸福安宁的港湾，而不是一个惩罚站。所以当孩子拿着成绩单的时候，特别是孩子考砸了的时候，家长不应紧盯着分数，而是分析孩子学习的内在因素，给予孩子们最需要的理解、引导和抚慰，看到孩子的进步，孩子的成绩自然就提高了。

较差的学科注重基础知识，优秀学科攻难点

家教现场

韩玉进入高中快一年了，可令韩玉父母没有想到的是，原来在初中的时候，女儿的成绩还算比较均衡，英语成绩好，每次总能考第一，别的成绩虽然排不上第一，但总体来说没有特别差的。

但是自从女儿进入高中之后，在学习上碰到的第一个难题既不是学业太难，也不是不能适应高中的节奏，居然是偏科，她很喜欢英语、语文等，别的课也还能凑合，可是唯独对化学，却怎么也培养不起感情。虽然看到韩玉还是很努力地在学，但化学成绩在班里也只能算中游，有时候甚至还中等偏下。在月考的时候，如果不算化学成绩，韩玉的总分能进年级前三十名，但要是算上化学，她的总分一下子滑到年级100名以后了。虽然韩玉上的是重点高中，但要是化学成绩长期这么下去，可能会导致高考上重点大学有难度。即便不考虑它是高考的必考课，这门学科的相关知识也是现代社会中每一个人应该掌握的。

后来爸爸针对韩玉的情况请教了一位教育专家，教育专家给出了这样的意见：分析孩子偏科的原因，是因为对老师不感兴趣，还是因为孩子确实对这门课不感兴趣？如果是后者的话，建议孩子调整学习方案，对化学注重基

础知识的掌握，少去攻克难点，以免打击信心；而对自己擅长的学科，可以努力攻克难点，争取成绩更上一步台阶。

韩玉听了这个建议，开始慢慢改变自己的学习策略，不再总为那些解决不了的化学难题而纠结，而是将时间放在了巩固基础知识上，对自己擅长的英语和语文依然劲头十足，慢慢地，韩玉发现，其实掌握了化学的基础知识，自己的成绩也提高了不少。

好妈妈分析

很多孩子随着年级越来越高，成绩出现了一些分化的现象，也就是所谓的"偏科"。遇到这种问题，孩子家长都会很着急，就像案例中的韩玉一样，如此严重的偏科给她的总成绩拖了后腿，但是随着韩玉改变学习策略以后，成绩反而提高了不少，看来，这条建议对于偏科的学生来说还是值得尝试一下的：较差的学科注重抓牢基础知识，优秀的学科适当攻克难点。

如果孩子某个科目总是学不好，尤其是经过一段时间的补习，仍然不见效果，此时，如果家长不加以及时正确引导，孩子便认为自己没有学习这一科的天赋和"细胞"，久而久之，对该科目的学习兴趣就会渐渐变淡，甚至对该科目彻底失去兴趣并产生恐惧和排斥心理，最终导致的结果就是，该科目成绩越来越低，最后丧失对该科目学习的信心。一旦出现偏科现象，往往会使孩子逐步引发对学习的厌学情绪，进而很可能影响到对其他学科的学习兴趣和学习耐心。

好爸妈支招

如果父母遇到孩子出现偏科情况，可以先和孩子一起分析偏科的原因：一是可能从不喜欢老师，发展到不喜欢这门课程；二是可能学习方法不对，导致成绩无起色；三是可能孩子对这门课程不感兴趣。总之，只有摸清情况，才能有侧重地采取补救措施。一般来说针对孩子偏科，可以从以下几个方面尝试一下。

1. 家长要调整心态，树立自信心

孩子如果出现了偏科，家长不要太着急，首先要把自己的心态调整好，要给予孩子更多的学习关注，从一点一滴做起，不要贪多，积极帮助孩子纠正偏科现象。如果孩子哪门科目已经很差了，就不要和其他的同学比，教育孩子把自己当成下次超越的对象就可以了。父母要反过来教育孩子，自己不擅长的科目，经过自己的努力上升的空间反而更大，所以不要把偏科当成心理包袱，而要看到进步的空间。

2. 父母引导孩子改变学习策略

当孩子总是纠结于弱科的难题时，家长应引导孩子转移一下注意力，多注重基础知识的积累，做题由易到难慢慢来，否则，做难题只会浪费孩子的时间，不但不能提高成绩，反而会让孩子丧失学习兴趣和学习信心。与其这样，还不如把这个时间投入到巩固基础知识上。对于自己擅长的科目，孩子一般也比较感兴趣，家长可以鼓励孩子根据自己的能力逐渐挑战难题，这样让自己形成"优科更优，弱科不弱"的态势。

总之，"偏科"现象是客观存在的事实，家长和孩子都不要着急，认真地分析偏科的原因，并采取积极的措施来应对，相信总会有办法攻克的。

每天有小计划，每周有周计划，每学期要有学期计划

家教现场

张林马上就要上四年级了，学习成绩不上不下，这让妈妈很着急。

一天，妈妈无意间参加了一次家庭教育的课程，这让她深有感触。课程的主题就是关于怎么帮助孩子制订学习计划和人生规划。这让她想起了儿子平时的学习状态：平时写作业拖拖拉拉，老师布置什么作业就做什么，暑假

快结束了，才想起来还有一大半作业没做完。周末，一会儿看电视，一会儿和小伙伴玩，到晚上了，才想起来写作业……用一句话概括，就是"毫无计划性"。原来每次跟儿子说要有计划，但是一直也没有严格执行下去。儿子的成绩总是提不上去，一定和他没有执行良好的学习计划有关。

于是，妈妈回到家里和张林进行了一次促膝长谈，结合张林目前的学习状况和学习任务做了一张详细的计划表。首先从学期计划和目标开始，然后细分到每个月，规定每周日要做好本周的计划，每天晚上要做好第二天的计划，其中不仅包括有关学习内容，也把要完成的课外阅读、锻炼放松、自由支配时间这些都写到了计划里面，可谓将这份计划变成了一张详细的个人日程安排。

从开始的时候妈妈严格监督到后来张林自己主动地按照计划去完成。妈妈发现，自从有了这个计划之后，张林写作业也不再拖拉了，还有了更多的时间去读课外书，周末还能和家人一起去野外放松。

到期末的时候，妈妈惊喜地发现，孩子的成绩一下子进入了班级前十名，这个巨大的进步让张林和妈妈高兴不已。

好妈妈分析

"凡事预则立，不预则废。"一份理想的学习计划能帮助孩子明确学习目标、合理安排时间、增强学习的自觉性和积极性、提高学习效率……学习计划对孩子学业的重要性，可能家长们都知道，但是由于没有认真地制订计划并严格地执行计划，所以，很多时候计划变成了一纸空文而已。从上面的案例可以看出，严格执行一份有效的计划可以给学习和生活带来意想不到的收获。

可以说，学习计划是实现学习目标的蓝图，每一个想把学习搞上去的学生，要拿出的第一个实际行动，就是制订一个切实可行的学习计划。当你订完学习计划后，心里有了底，不会再为"自己不知道现在该干什么"这样的事情犯愁。有了学习计划，孩子就会知道，自己多玩1个小时、多聊1个钟头，将会使计划上的某项任务告吹。根据学习上循序渐进的原则，将使整个计划中的许多任务受到影响，所以，他们对时间特别珍惜，不会随便地浪费时间。

计划性强的学生，由于有详细的日计划，心中明确什么时间做什么事，所以不用临时动脑筋，费时间去想了。而缺乏计划性的学生，一旦坐下来，还要为该干什么事考虑半天，尤其在完成了作业以后，这种现象就更为明显，因此白白浪费了很多时间。

好爸妈支招

要实现长远的学习目标，绝非一日之功，必须脚踏实地，有步骤地努力去做才行，因此，从实际出发，安排好学习时间和学习任务就十分必要。可以说，学习时间和学习任务的科学结合就诞生了学习计划，实现学习目标的愿望越强烈，制订学习计划的必要也就越迫切。制订好学习计划后，就会使自己的每一个学习行为都和学习目标的实现联系起来，使学习行为具有明确的目的性。

1. 学习计划要求不宜过高

因为要求过高，不仅难以执行，而且容易让人感觉心里没数并产生自卑感。

2. 同时也要考虑全部学习、生活时间的平衡，制订学习计划不能只考虑学习而不顾其他

其实，学习只是一天生活中的一个方面，其他活动对学习都有一定的影响，所以，在制订学习计划时，必须全面考虑。既要使学习在一天中占首位，又要使学习同其他活动协调起来。换言之，在一天的作息时间表里，既要有吃饭、睡眠、上课、课外活动的时间，也要有休息、娱乐的闲暇时间，还要留出与同学、朋友、家人聊天、听广播、看电视的时间。

3. 计划要有一定的灵活性

计划不应绝对不变，根据实际情况和执行计划中的安排应允许有些变动。例如，某天孩子因参加运动会觉得身体非常疲倦，那就应该及时改变计划早早休息。如果单纯为了执行计划，家长硬要孩子一边打盹儿一边坚持在规定的时间里学习，或是不解完十道题目就不睡觉，那就无异于削足适履了。

4. 计划要有具体的学习目标

这个目标要根据孩子自己学习的目标、以往的学习情况、学科进度等情况来决定。但是要注意，制订计划不要从个人的喜恶出发，更不要照抄别人的计划，必须考虑自己孩子的体力、智力、学力、性格、志趣等是否与实现学习目的和采用的方法相适应。此外，还要注意家庭环境、经济状况、近邻关系等条件。

通过以上方法，孩子可以在家长的指导下完成学期计划、周计划和日计划，然后由家长做好监督工作，相信孩子的学习成绩会大幅度提高，还可以帮孩子从小养成有计划的好习惯。

学习之外的时间安排，多听听孩子的意见

家教现场

张琪是一个中学生，学习成绩也很不错，张琪妈妈和大多数妈妈一样，盼女成凤心切，总是将孩子课余时间安排得满满当当，英语班、奥数班、古筝班、书法班、舞蹈班……虽然并不都是张琪自愿去学的，但是张琪拗不过妈妈，只能硬着头皮去学。

又一个暑假马上到了，她见妈妈又早早地在和别的妈妈在咨询各种培训的事情。吃过晚饭，她拉过妈妈说："妈妈，这个暑假我想自己安排，

行吗？"

妈妈惊讶地看着女儿，说："你自己准备怎么安排？该不会都是看电视吧？"

显然妈妈对自己的安排一点都不相信。张琪也是做了准备的，她向妈妈讲了一些国外孩子都是自主安排管理时间的故事，还有身边有同学自己管理自己的事情，说得妈妈半信半疑，但是妈妈想想，孩子说的话也不是一点道理都没有，所以，还是耐着性子继续问道："那你准备怎么安排呢？"

"您给我原来报的那么多兴趣班，实际上我觉得除了舞蹈外，别的我都不感兴趣，也觉得自己没有那个天分，所以就只想保留这一个学习班。这次考试我觉得英语还没有达到自己预期的目标，这个也不能放弃学习。另外，我看到有一个短期夏令营可以开阔视野，增长课外知识，也可以提高自己的自理能力，我想参加一次。我利用其余时间制定了一张时间表。"说完，拿出自己制订好的时间计划给妈妈，上面每天学习的时间、锻炼的时间、课外阅读的时间等都写得清清楚楚。这下妈妈脸上终于没有了质疑的神情。她说："行，看来你这个还是有心理准备的，既然这样，那就听你一次，但是我们有言在先，如果你自己不能按照这个计划执行，自己管不住自己，那只好废除这个计划了。"

"遵命！"张琪向妈妈做了一个鬼脸。

暑假一天天地过去，妈妈惊喜地发现，女儿对自己的计划非常重视，也非常严格地按照计划执行，虽然学习时间没有像自己原来安排得那么满，但是学习效果却比以前好，通过这个暑假，张琪还参加了不少课外活动，增长了不少社会知识。

🖊 好妈妈分析

在我们身边，许多父母望子成龙心切，希望把孩子的所有时间安排得满满当当，才能有好成绩。于是，总是怕孩子的时间空下来，孩子写完作业后又安排孩子学这学那，他们从来都不考虑孩子是否喜欢或感兴趣。其实，

父母并不清楚，这样做的结果，使孩子没有了自己的意志和想法，与机器人差不多，在大人的紧张安排下会失去自我，最终导致孩子越来越懒散、麻木和消极。还好，案例中的妈妈及时地发现了自己的错误，能够听取孩子的意见，放手让孩子自主进行安排，没想到取得了很好的效果。

虽然和每一个人一样，孩子也拥有自己的时间，但是他可以自己安排的时间有多少呢？如果时间的安排完全由父母包办，孩子只是去执行，那么孩子的自主性就永远也培养不出来。相反，如果能多听听孩子的意见，由孩子主导，在安排和实行计划的过程中，孩子能发现时间安排本身的问题，也能看到自己实际行动的问题，然后采取必要的调整措施。这种方法能引导孩子不断地思考自己，规划自己，要求自己，从而发展他的自主性。

好爸妈支招

现在孩子每天忙于自己的学习，课余时间对孩子来说相当的珍贵，如果家长能放弃自己的霸权，多听听孩子的意见，如何安排这些空闲时间，甚至让孩子自由地支配自己的时间，他才能热情地实现自我，才能用创造性的方法表达自我，才能使他从内心深处得到最大的满足，从而能够调动孩子各方面的积极性。当然，如果孩子没有时间观念，那么在做计划前，家长先和孩子"约法三章"，这样不但可以减少不必要的冲突，而且也不会导致家长和孩子的关系出现危机。由于事先约定好了，孩子势必会注意力集中，时刻记着去遵守约定。

所以，父母在培养教育孩子时，一定要转变观念，多听听孩子的意见，给孩子自由支配的时间，让他们享受到自由的乐趣。孩子是独立的个体，他们从小就有独立意识，一直要求独立。在他实现自己独立意识的过程中，要求父母理解和支持。所以，父母必须把孩子当成一个独立人来对待，尊重和理解他，给他自由支配自己时间的权利。同时，父母要充分信任孩子的能力，大部分孩子都能把握好自己的时间，因为他们非常清楚自己该怎样安排自己的时间。除此之外，亲子之间要经常沟通，在沟通的过程中，正确引导孩子珍惜时间，帮助孩子合理地安排自己的时间。如果父母能做到以上几点，那就放心地让孩子自主安排自己的时间吧。

不在孩子面前说老师的坏话

 家教现场

一位妈妈给我讲了一个她曾经犯错的故事。

因为工作的关系，孩子需要转学。新的学期开始了，儿子背着小书包，跨进学校的大门，我和别的家长一样，十分关注孩子任课老师的情况，希望孩子能有个好的开始。

那天碰到一个同事，她女儿正好跟我家儿子同班，据她打听的可靠消息，孩子们的数学老师特别优秀，但语文老师水平一般，而且脾气不好，提醒我要多注意孩子的语文成绩，小心掉队。

回到家里，我跟父母说起孩子老师的情况，并和儿子开玩笑说："儿子，现在进入新的环境，你要自己努力啊，特别是听说语文老师没有别的班的老师好……"让我没想到的是，这样一句话，让儿子刚开始就对自己的语文老师有了成见，每次语文考得差一点儿，不等我询问，他自己就会理直气壮地说："老师教得不好，不怪我！"

其实，我听过那老师的课，讲得挺好，只是不太擅长和孩子们沟通。对于曾在儿子面前说过老师的"坏话"这件事，一直让我后悔不已，为了纠正他的偏见，我很是花费了一番心思，效果却并不理想，直到后来学校换了语文老师，孩子的成绩才有了很大的起色。从此以后，每当孩子说到老师有时候做得不好的时候，我就特别注意自己语言，帮助孩子改变老师在他心中不好的印象。

好妈妈分析

说者无心，听者也许有意，年幼的孩子辨别能力差，随意在他们面前说"坏话"，也许会导致他们对老师有偏见，就像案例中的妈妈一样，不经意说的一句话，却对孩子造成了长时间的影响。

其实在生活中，经常会遇到这样那样的问题，老师不是圣人，也会犯错，比如落课、不加调查乱批评人、过多作业等，如果我们一味地在孩子面前指责老师，就会使老师的形象在孩子心中大打折扣。

常言道："亲其师，才能信其道。"喜欢是最好的老师。一个学生，如果不喜欢自己的老师，那他怎会喜欢老师讲的课呢？孩子的自我判断能力不强，有意无意间会受到父母的影响，改变自己对老师的看法。要知道，当孩子对老师失去了敬意，就谈不上尊重；失去了神秘，也就谈不上崇拜。教师在孩子心目中的威信、教师的人格魅力，在任何时候都很重要。家长、教师要互相理解、互相尊重、互相沟通，才会促进孩子的人格健康发展。

好爸妈支招

对于还在接受教育的孩子，我们不能在孩子的面前讲别人的坏话，更不能讲老师的坏话，因为这样只会害了自己的孩子，让孩子讨厌老师，就是让孩子讨厌学习。再说在孩子面前说别人的坏话，也会让孩子学会说人是非，这样对孩子的成长是不好的。

如果在我们的生活和教育中遇到孩子对老师有意见，或者孩子回到家里向大人倾诉老师如何不好，此时家长的引导就非常关键。

首先家长一定要耐心地听孩子把心中的委屈说出来，并安抚好孩子的情绪，然后帮孩子一起分析老师这么做的道理，帮孩子打开心结，不要让孩子从心里对老师产生怨恨情绪，必要的时候可以向孩子讲一些有关这位老师优秀积极的一面，维护好老师在孩子心中的形象。这样，不仅可以消除孩子低落的情绪，还能帮助孩子重新树立老师的优秀形象，这对于孩子以后的学习和成长是大有裨益的。

孩子有了喜欢的异性，告诉他只有不断提高自己，长大后再提出来，比现在发展更有前途

家教现场

武林妈妈今天早上接到了班主任的电话，说武林在学校早恋，喜欢上隔壁班的一个女孩，希望家长注意一下。武林妈妈放下电话静静地坐在沙发上，想着晚上怎么处理这个事情。

武林放学后和平常一样回来就进屋写作业，完成作业后，妈妈轻轻地叫他过来："林林，妈妈和你聊聊天。你看你的学习成绩这么优秀，班上有没有女生喜欢你啊？"

武林羞涩地笑了笑说："不知道，应该没有吧？""那有你喜欢的女生吗？"武林看了一眼妈妈，从她的眼睛里好像知道了什么。"没关系，妈妈像你这么大的时候也有自己喜欢的男生。""是吗？"武林看到妈妈并没有责怪自己的意思，反而说起了她自己这方面的事，一下子就放松起来了。"说说看吧，没准妈妈能给你参考参考。"

"她是另外一个班的，我觉得她和别的女孩不一样，聪明、大气，和她在一起很开心。""那她对你的感觉如何，你现在是不是经常上课就会想起她？是不是觉得每天都想见到她？"儿子不好意思地点点头说："她对我也还好吧，反正我们也就是偶尔在一起讨论讨论题什么的。"

"嗯，那个时候我也和你一样，希望和那个男孩能天天见面，上课的时候就会想他，时间长了，我的成绩就一落千丈。后来那个男孩也成绩下滑，我们双方都觉得深受其害、得不偿失，就和平分手了，并约定等考上大学再谈恋爱。"

　　"后来呢？"林林穷追不舍地问道。"后来我们就各自恶补自己的功课，最后成绩追上来了，然后都考上了自己心仪的大学。""那你们最后也没在一起？""是啊，上大学之后，我发现身边比他优秀的男孩子多的是啊，后来就认识了你爸爸。"武林妈妈也不好意思地笑了笑。"你想，如果当时我们继续下去，两个人肯定都考不上好大学，时间长了，肯定就觉得对方并不是我们理想中的优秀人选，最终也不会在一起。""哦，确实也是这样……"武林若有所思地点点头。妈妈趁热打铁地说道："其实有人喜欢你不是什么坏事啊，说明你优秀，也说明你慢慢地成熟了。如果你能保持着这份优秀继续下去，等考上了大学再谈恋爱，也不晚啊，如果你现在成绩下降了，到时候耽误的可是一辈子的前程哦。"武林会意地点点头。

　　后来听班主任说，他不再和那个女生有太多的单独交往了，成绩也一直稳定，名列前茅。

好妈妈分析

　　当孩子遇到早恋时，家长不必紧张，要讨论出对策，因为早恋是青少年在青春期正常的心理、生理反应，只要加以正确的引导，让孩子能够充分地理解，一定会收到很好的效果。案例中的妈妈就巧妙地通过自己当初的经历，间接地告诉孩子早恋的危害，给他提出了建议，孩子也特别能接受妈妈的建议：谈恋爱没有错，但是如果先让自己不断地更优秀，等长大了，再提出来，会比现在更好。

　　每一个步入青春期的少男少女，随着生理的逐步成熟，会开始关注异性同学，并希望了解他们，与他们交往，这是一种正常的心理现象。孩子对异性的依恋并不是有些家长和老师所认为的那样，是一件丢人和见不得人的事。这与道德品质无多大关系。绝大多数孩子都"早恋"或"单恋"过一个自己很喜欢的异性。关键是孩子如何正确处理早恋，并与男女生正常交往。告诉孩子不要过分地敏感，不要以为异性对你好一点就是爱上你了，也不要动不动就向人家表达爱意。

好爸妈支招

如果你的孩子羞涩地告诉你，他或她喜欢上了一个女孩或男孩（或被喜欢），那么恭喜你，你的亲子关系还在良性发展，至少你的孩子信任你。这种情况下，家长应该用一种赞赏的口吻告诉孩子，他或她已经长大了，成为一个懂得欣赏美和被别人欣赏的人了。你对孩子的接纳和理解会让孩子在心理上减轻压力。然后你关注孩子"你准备怎么对待这份情感？"那么，你的建议才有可能被孩子接纳。

如果孩子没有主动告诉你，你是从老师那里或者从生活的蛛丝马迹看出了孩子的变化，建议家长也不要轻举妄动，要先观察孩子一两个星期，并且到学校咨询一下孩子的老师，看看孩子的学习或生活有没有受到影响，然后再做决定。

如果确定孩子进入早恋状态，父母可先试图让孩子多参加集体活动，分散独自喜欢一个异性的注意力，不要与异性单独交往。通过参加有意义的集体活动，可以陶冶自己的情操，树立远大的理想，并能获得同学们的帮助和友谊。家长要做孩子的良师益友，可以心平气和地说说自己的经历和观点，处于心理封闭期的孩子，能把隐私暴露出来，恰好为我们提供了教育的机会。只有和孩子建立相互信任的感情基础，才能做到晓之以理、动之以情，使孩子从早恋中解脱出来，让每一个学生都充满阳光。

老师"告状"后，父母应该怎样做

家教现场

曾经有一个妈妈给我讲了她经历的一件事。

开学一星期后的中午，接儿子的时候被班主任李老师叫住，我心里嘀咕了一下："是不是孩子又在学校捣蛋了！"

果然不出我所料，老师告诉我，儿子用彩笔在前面学生的背上画光头强。我怒火一下子就起来了，但是又不好发作，赶紧向老师说："那把我们的校服和人家换了吧，回去我教育他！"

回家路上，我像往常一样拉着儿子的手，儿子也老实多了，他知道老师肯定向我告状了，他也等着看我怎么收拾他，其实那会儿我真还没想好怎么办，所以我什么都没说。

后来我想我故意不说什么，给他心理上制造点压力，让他自己先想。

但是儿子耐不住了，果然他连午觉都不睡了，站到我跟前问道："妈妈！老师跟你怎么说的？是不是说我特别不听话？要把我的衣服换给人家？"

"老师没有说你不听话，倒是说你最近学习进步不少，但是说你上午不守纪律，上课不认真，还在别人衣服上画上画了。我一看你画的还挺像的。"我不紧不慢地接着说："反正都是一样的校服，那光头强也是你的杰作嘛，总不能叫别人穿着！你觉得还有好办法吗？"儿子噘着嘴巴："实在没办法，那就换呗！"

我告诉他，光头强画得很好，只是画的太不是地方！这是我的习惯——总找机会表扬和肯定儿子，即使是犯了错误。我又装作无辜又委屈的样子说道："你看见了，以后你犯什么错，我也得被老师叫去！谁叫我们是一个战壕里的战友呢！"看我委屈，他有点撑不住了："那我以后再也不捣蛋了！"

我进一步让他换位思考，站在对方的立场去想问题。通过这次错误，要让他懂得人必须对自己的所作所为负责，以后要克制自己不能做不合适的事情。

好妈妈分析

随着孩子的年龄越来越大，他们的思维越来越复杂，越来越有自己的主意，同时，"馊主意"也会越来越多，因此，孩子的这种好奇心和"小聪明"

会促使孩子做一些捣蛋的事情。有些性急的家长可能上来就劈头盖脸地责骂孩子，甚至"恨铁不成钢"地打骂孩子，但是这样不仅起不到很好的教育效果，还会恶化亲子关系。与其这样，还不如学习案例中的妈妈，采取"以静制动""以理服人"和"以情动心"的方法让孩子自己认识到错误。

当老师找家长以后，孩子自己心里也会很"忐忑"，他们不可预知"告状"后家长会采取什么样的方式"收拾"自己。所以在这种情况下，如果家长"以暴制暴"，结果不但治不了本，还很容易使孩子不服气，从而加重孩子的捣蛋心理；如果此时家长能正确进行引导，对孩子前段时间的努力加以肯定，然后用换位思考的方式告诉孩子，老师告状并不是为了教训收拾自己，而是为了和家长一起帮自己改正，让自己变得更优秀，这样孩子就会很容易接受。

✎ 好爸妈支招

可见，当老师"告状"时，家长一定要冷静，既不能一味地责怪孩子，使他从小就在批评、指责中感到自己一无是处；也不能袒护孩子，觉得老师小题大做，那样会使他不辨是非。尽量想办法，让事情良性发展。因为孩子的成长，确实离不开良好的育人环境。同时，家长平时也应该主动和老师沟通，全面客观地认识孩子，因为孩子身上的有些问题我们并没有意识到，但老师却很客观，通过和老师交流，双方都可以全面而正确地认识孩子，进而引导他们健康成长。

因此，家长在收到老师的反馈后，一定要积极配合老师及时纠正孩子的不良习惯与毛病，细心观察孩子的喜怒，了解孩子的心理。当老师反映孩子有明显进步的时候，家长要向孩子表示祝贺，肯定孩子的努力与成绩。如果老师向家长反映孩子在校表现不好或犯了错误的时候，家长切记一定要冷静，要有良好的心态，同时也要给孩子足够的表达申诉的空间，让孩子能有机会对自己存在的不足和"错误"进行必要的反思，通过换位思考等方式教

会孩子纠正错误、改正不足的方法和具体做法。

整天提醒孩子好好学习，不如每天和孩子一起学习一个小时

家教现场

妈妈王宇是一个会计工作者，最近她给我讲了讲她和儿子的故事。

由于工作的关系，我每天都要坐在电脑前捣鼓那几个数字，真是很累，下班回来就想靠在沙发上看一会新闻和法制节目，而孩子大多数情况下自己在书房写作业。但是由于我这边看着电视，他父亲玩着电脑，有时候他会经不住诱惑要求看一会动画片，或者跑到他爸爸那里请求打一会儿游戏，或者要吃点零食，等等。这时候我们就会告诉她："除了星期六和星期天，其他时间是不允许看电视和打游戏的。"孩子看起来很不服气的样子，他虽然没说，但我也理解他的想法。

孩子毕竟是孩子，只要电视和电脑一开，他会受得住诱惑吗？大人有时也难以自控。后来，为了让孩子有一个安静的学习环境，能专心地学习，我们决定孩子在家的时候也尽量少看电视和电脑。为了给孩子做个榜样，让自己也有事干，我报考了中级会计师，对于"奔四"的人来说，记忆力确实不行了，面对厚厚两本书里枯燥的定义、数字、公式，脑袋都大了，而且只有在家才有时间复习。没办法，既然报考了，就要努力去学，尽量通过，给孩子做个学习的榜样，让他知道，学习是一辈子的事，活到老，学到老，并不是只有孩子才学习，陪着他一块学，让他不再感觉学习是孤单枯燥的任务。在我的说服下，他爸爸也关了电脑，拿起了有关技术方面的书和我们一起开始学习。就这样，每天晚上吃完晚饭后的一个小时，成了我们家集中学习的时间。

过了一段时间，我发现孩子不像以前那样坐不住了，做作业效率也提高了，有不懂的，我们也能马上帮他讲解。如果他的作业少的话，我们三个人在一起做做课外知识竞答比赛，既让孩子增长了知识，也让他的学习变得快乐起来。在期末考试中，我发现孩子成绩一跃到班级前五名了。

好妈妈分析

从上面的案例可以看出，和孩子一起学习是快乐的，现在的孩子都是独生子女，希望有个伙伴，如果家长和孩子做伙伴学习，孩子不但开心，也能养成良好的学习习惯，就像案例中的家庭一样，孩子每天置身于学习的环境中，会觉得这世界不只是他们要学习，大人也一样，都要不断地努力学习，才能进步。

确实，现在的家长，往往抱怨孩子不理解自己养家糊口的辛苦，指责孩子泡网吧，不学习，一股脑儿地把责任推给社会，等他们回到家的时候，就不停地在孩子耳边灌输要好好学习，与其这样，还不如和孩子一样拿起书本，每天坚持和孩子学习一小时，相信自己的孩子会有所改变，父母也一样会有所改变。因为父母是孩子的榜样，通常，一个优秀的孩子成长为优秀人才的背后，总能找到温馨、和谐家庭的影子；同样，一个人形成不健全的人格，也可以从其家庭中找到充满冲突和矛盾的因素。因此，家长应该身体力行，与孩子一起学习、一起成长。

好爸妈支招

曾经有一个调查，问孩子最希望父母做什么，结果有一个结果票数最高：和我们一起学习。仔细想想，也不难明白为什么孩子会选这个结果，因为在他们眼里，家长不用学习，不像他们一样承受这么大的学习压力，他们心里会有那么一点不平衡。其实，很多孩子并不是很在意家庭的收入，他们更在意父母能给他们带来知识的力量。面对这充满希望的下一

代，家长们应该警醒了：关上电视，撤掉麻将，在温暖的灯光下和孩子们一起阅读和讨论，让爱镶上知识的金边，融入孩子纯洁的心灵，帮助他们健康快乐地成长。

研究发现，在学习型的家庭中，父母与孩子是共同成长，甚至是相互影响的。他们往往有一些成功的影响方式，如亲子共读、亲子通信、讲述成长故事、创建良好的家庭氛围等。父母的成长和孩子的成长一样，是没有止境的过程。父母的不断学习、不断进步，其影响是无形而深刻的，这种影响远远大于父母每天在孩子身边不停地嘱咐要好好学习。

因此，在家长和孩子共同学习的过程中，家长应对孩子感兴趣的事物试图去感兴趣，想方设法地与孩子展开讨论，不仅使自己与孩子有了共同的兴趣，还可以激励孩子不断地进取、探索；当孩子犯了错误的时候，家长与孩子一起反省，并及时地改正自己不恰当的教育方式，这才是最好的家庭教育法。

成绩出来以后，和孩子一起分析成功或失利的原因

家教现场

期中考试的成绩全部出来了，微微这次考了全班第三名。微微和往常一样把试卷带回家给妈妈看。

微微问妈妈对这次的成绩是否满意，虽然妈妈心里还是挺高兴的，毕竟这次比上次考试前进了两名，但是妈妈说基本满意。她有些失望，又问妈妈有多少不满意，妈妈答96%满意，4%的不满意——2%是不够细心，1%是基本概念和知识点欠缺，1%是没有按时完成软性作业，对于副科缺乏足够重视。听完妈妈的话，微微点点头。

每次拿到成绩与试卷后，妈妈都会和孩子共同研究分析本次考试的得与

失，总结经验教训，这已经成了习惯。这次也不例外，妈妈坐下来仔细地看了试卷，和微微一起做了一下总结分析。

数学虽然考了全班第一，但出现的两个错误都是基础点：书写不规范；对于数轴基本单位的概念意识不清。这说明在课堂上没有仔细听讲，对于老师强调过的知识点没有抓住。这些细节决定了她与年级最高分之间的差距。

语文吸取了上次考试的教训，考前自己对课本上所有的注释都熟悉了一遍，因而答题很顺利。现代文阅读和古文阅读也有所提高，一共只扣了2.5分，有进步；作文36分，比自己的预期稍低，所以以后在作文方面有待进一步提高。

英语出现很大失误。在听力、词组、阅读理解方面还要下大功夫。针对这些问题，妈妈对微微提高了要求，坚持并加强训练，听《大家说英语》、跟读背诵《新概念2》、课外读《悦读联播》，正常情况下每天都要做。

经过这样一番分析，微微的情绪轻松下来，对下一步的学习也充满了信心。妈妈感觉除了表扬和鼓励之外，也要给她泼点冷水，提高要求，所以就强调她应该树立更高的目标，不能总是满足现有的成绩，沾沾自喜，应该自己给自己加一些码，自我要求也应该更严格，要为自己定下新的目标。

好妈妈分析

相信所有家长看了以上案例就不难明白，为什么微微不仅成绩不错，而且能一次一次地取得进步了。其实微微妈妈也和众多家长一样在乎孩子的成绩，但是考完后微微妈妈并没有死死揪住分数，而是客观地和孩子一起分析考试中得分与失分的原因，为调整下一步的学习计划作参考，有这样的家长指导，孩子就没有了分数负担，成绩自然就提高了。

现在家长可以分成两大阵营：一部分家长会直接发现孩子是为什么错的，如何做才是正确的，这些家长就是孩子的家庭教师；另一部分家长对孩子所学的内容一无所知，或是一知半解，无法指导孩子，他们仅仅只是通过

孩子的分数来衡量孩子是考好还是考坏了，这样无疑会对孩子形成很重的心理负担。特别是对于考得不理想的孩子，此时的心情本来已经很低落，如果家长能够放下"分数"在心中的位置，帮助孩子一起找出丢分原因，对学得不踏实的知识点进行梳理回顾，做好下一步的学习计划，那么孩子就会重新建立学习信心，下次取得好的成绩就变得容易多了。

好爸妈支招

大大小小的各种考试总是围绕着孩子，成绩单上的分数后面好像总隐藏着什么，随着各种各样的考试越来越频繁，成绩成为让学生们"为它欢喜为它忧"的中心。此时，家长和学生要学会正确对待考试成绩，正确分析卷子中的失误和问题，一定要把问题归类，最后提出改进的方向，这样，既读懂了自己成绩中所包含的有用信息，又能够及时消除成绩所带来的负面影响，为今后的考试扫清绊脚石。

不管考试成绩如何，成功必有经验，失败肯定有原因。有时候，失败的经验比成功的喜悦更加宝贵。在孩子情绪低落的日子里，家长不但要鼓励他们，还要帮助他们找出考试失利的原因，这一点儿是尤为重要的，考试没发挥好也罢，作答时出现原则性错误也罢，即便是先前没有重视考试也罢，家长都要平和地接受，但是要叮嘱他们，不要同样绊倒在一颗石头上，要记住失败的教训，迎头赶上。

第九章

发现孩子的坏习惯，父母要主动和孩子沟通

办事拖拉，要让孩子对拖拉负责

 **家教现场**

佩佩的学习成绩非常优秀，是老师眼中的好孩子，但是她有个毛病，就是做作业时磨磨蹭蹭，这让妈妈很头疼。本来30分钟可以做完的作业，有时竟磨蹭到晚上十二点，有时，甚至第二天一大早起床补作业。

佩佩妈妈总是抱怨："该做作业的时候她也没有出去玩，像模像样地学习，但是出工不出力。不一小会儿，写不到五分钟，就开始翻文具盒、玩铅笔，还时不时地挠挠头，再过一会儿，找个借口到客厅拿点零食，边吃边学，一个小时过去了，还没完成一半。你说，这可该怎么办呢？"听完妈妈的倾诉，亲子老师给她支了一招。

为了帮助佩佩改掉拖拉的毛病，妈妈和爸爸决定下狠招，在老师的配合下，帮助佩佩摆脱这种坏习惯。

一天早上，妈妈告诉佩佩："快点起床，爸爸马上要去单位开会，不能送你去上学了。"佩佩没事似的说道："爸爸一会先送我上学再去上班，来得

及。"等到佩佩起床洗漱完毕，爸爸已经离开家了。这下她着急了，动作立刻快了好几倍，等到她抵达学校的时候，早已迟到了。佩佩的老师狠狠地批评了她一顿。

佩佩回家后，父母利用这个绝佳时机，给她上了节课，告诉佩佩如何合理安排时间，提高做事效率，同时为佩佩设置了"最后期限"，帮助佩佩制定了一些做事的规则。同时让佩佩和爸爸比赛，看看谁先摆脱拖拉的毛病。经过一段时间的训练，佩佩现在做事很少拖拉了。

✏ 好妈妈分析

相信很多父母都面临着类似的问题，当孩子在写作业的时候，人端坐在板凳上，但是思想却早已飞到千里之外，总给人一种"身在曹营心在汉"的感觉。孩子不管做什么事情，似乎都是慢慢腾腾、三心二意，经常拖延时间，好像事不关己，一点儿也不着急。但是父母都像案例中的佩佩妈妈一样，心里着急得不行。

在我们的生活中，拖拉的坏处显而易见。拖拉是一种坏习惯，最终使孩子的生活变得一团糟，什么事情都不能按时完成，虽然父母也是批评，但是孩子却当成了"耳旁风"，效果一直都不好。那么到底怎样才能改变孩子拖拉的习惯呢？通常而言，孩子拖拉都是有原因的。孩子做事拖拉可能与孩子的性格有关，也有可能与孩子的生活习惯有关，有自身原因，也有外在原因，一般而言，主要表现在：缺乏时间观念和做事技巧、注意力不集中，等等。父母应当仔细观察孩子的行为，准确地把握孩子拖拉的原因，对症下药才是良策。

✏ 好爸妈支招

针对孩子的拖拉，父母不能掉以轻心，也不能表现出急躁情绪，急于求成，而应当保持一种平和的心态，运用正确的方法加以引导。

1. 要让孩子为磨蹭付出代价

孩子只有在体会到磨蹭给自己带来的损失之后，才能够自觉地快起来。就像案例中的佩佩一样，让她自己去承担迟到受到老师批评的后果，孩子挨了批评后，就会认识到磨蹭给自己带来的害处，几次以后，孩子自然就会自己加快速度。

2. 要对拖拉磨蹭的孩子停止催促、坚持表扬，多一些鼓励和奖赏

孩子做事情磨蹭的时候，很多家长喜欢喊，不断地催促，结果感觉是越催促，孩子的动作越慢，家长就更生气。我们应该换一个思路：发现孩子做某件事情的速度快时，就表扬。表扬和鼓励比批评和指责能更有效地激发孩子的积极动机，孩子受到的表扬越多，对自己的期望也就越高。

3. 要让孩子觉得"快得值"，节约的时间由孩子自由支配

孩子只有感觉到做事快对他自己是有好处的，感觉到做事快是值得的，他的动作才能够"快"得起来。比如做作业磨蹭的问题，有些家长在孩子完成了学习任务之后，经常给孩子增加额外的任务，老师布置的作业做完了，家长的一大堆作业还在那里等着，孩子心里很不情愿，但是父命难违，于是就想出了磨蹭的招数，反正也不能出去玩，不如索性做得慢一点，起码可以省点力气。解决这个问题的最好方式就是，把孩子节约出来的时间还给孩子，在孩子较快完成了任务之后，就要给孩子自由安排时间的权利，孩子可以用省下来的时间做一些自己感兴趣的事情。

4. 生活中注意培养孩子的时间观念

其实一个孩子时间观念不强，绝不会只是表现在学习方面，而应该是表现在生活与做事的方方面面。比如规定孩子洗澡只能洗10分钟，而且不给闹钟，让孩子自己估计时间！这样孩子的脑子里就有了时间观念，大约到了10分钟时，孩子就会赶紧出来。

通过以上方式的尝试和训练，无论是在学习上，还是在生活上，孩子慢慢地就会对自己的拖拉行为有所改变，好习惯养成了，好成绩离孩子还会远吗？

马虎大意，要让孩子从小事开始认真

家教现场

　　其中考试刚刚结束，不少家长发现，平时作业差错率不高的孩子不知为什么，一到考试就成了"马虎眼"：不是看错了题目，就是抄错了答案，一些完全力所能及的题目因为粗心大意，造成了不该出现的失分，成绩大打折扣。

　　上初三的程程就是这样，本来平时成绩还不错的她，这些天却怎么也高兴不起来。拿到试卷的程程在那里生自己的闷气：数学考试中的那道计算题，自己在草稿纸上算的答案明明是正确的，可怎么抄到答题卷上时就完全走了样呢？最可气的是，自己竟然把"$-3x+21$"抄成了"$-3x+27$"，还有其他几道题也犯了同样的错误，因此而失去的分数高达14分。另外，程程平时一直很拿手的英语也因为粗心大意，在往答题卡上涂答案时看错了序号，分数丢得同样惨不忍睹……

　　和程程同病相怜，四年级的琪琪各方面表现都不错，就是马虎、粗心，做事常常丢三落四。学习也一样，经常把"÷"看成"+"，当别人给她指出来时，她会毫不在乎地说："这有啥，我又不是不会做，只是自己马虎了……"

　　程程觉得很气馁，虽然爸爸妈妈也觉得这是本不该有的低级错误，但也没有因此而责怪她，只是程程自己纳闷，为什么自己考试的时候总是"犯傻"？而且犯的错误低级得如此"离谱"？

好妈妈分析

　　上面案例中的程程和琪琪都表现出在考试过程中犯了抄错、写错之类的失误。这种现象在中小学生中是比较常见的一种现象。在考试中会发生这类现象的孩子，通常在平时的学习过程中，也都有类似情况的发生，在平时处理生活事务中也常有"丢三落四"的现象。只不过考试有成绩评价，所以才特别受到关注。

一般来说，孩子马虎的原因有多种。有些孩子马虎是态度不认真，对学习缺乏责任心，敷衍了事，因而理解知识时囫囵吞枣，做作业时敷衍塞责，马马虎虎凑合着做完得了；有些孩子是急脾气，干什么事情都心急，急急忙忙，难免出错；有些孩子马虎是因为对所做的功课不熟练，因而顾此失彼；有些孩子马虎已成习惯，干什么事都毛手毛脚；也有些孩子因对考试的心理负担过重，过分紧张，平时做题没有问题，一考试就错，这就是焦虑造成的。针对不同的情况，可以采取不同的措施帮助孩子改正。

好爸妈支招

我们家长常常批评孩子马虎，这不但解决不了问题，反而给了他们一个自我辩护的武器。做题时因为知识没有掌握好而做错，他却对人说："其实我会做，只不过马虎了。"马虎的借口成了他逃避错误、欺骗自我的工具。所以，我们一定要注意这个问题，要采取具体措施，具体问题具体分析，找出原因，才能真正解决问题。

1. 对态度不认真的孩子，应主要解决态度问题

使孩子认识到马虎的危害，改变不认真的态度，让其对自己马虎的态度承担后果，比如，孩子外出之前，让孩子自己准备外出所带的食品和衣物，家长只做适当的提醒和指导，不要大包大揽，也不要强行将自己的意志强加于孩子，等他少带了食品，少带了衣物，或落下别的什么东西，在外吃了苦头的时候，他自然会吸取教训，责任心自然而然会加强；对性格急躁的要训练性格，改变急躁的性格；对那些知识不熟练的孩子，应多加练习，使其熟练地掌握知识；对考试焦虑的孩子，应减轻其心理负担，不要让他把分数看

得太重，心理负担轻了，就不会那么紧张了；对习惯不好的孩子，应校正其不良习惯，培养严肃认真的好习惯。

2. 我们在教育孩子时，不要老说、老训孩子粗心

说多了，训多了，孩子脑海中就只有粗心，反而没有细心的概念，结果反而起到强化的作用。

3. 培养良好的学习行为习惯也非常重要

比如让孩子习惯自我检查，家长不要总是给孩子检查作业，应该让孩子养成自我检查的习惯，如果错了又没检查出来，考试就会不理想而留下遗憾，这样他才能认识到马虎的危害，才会自主地想办法加以克服。

以上这些帮助孩子克服粗心马虎毛病的方法，家长不妨试试看。我们深信，只有我们教育引导得法，只要孩子有决心改掉这一毛病，总有一天，粗心马虎会离我们而去。

满口脏话，告诉他们这并不美

家教现场

6月3日中午12点半左右，在学校附近一家小商店内，几名身着校服的中学生正在买饮料，"×到底喝什么呀，你妈×能不能快点？"……

下午4点多，公交车上，几名戴着红领巾的小学生正在说笑，"××你爹""××你妈"……笑声中，不时夹杂着野蛮的谩骂声。

在退休老教师张老师眼中，中小学生的谈吐正在变得越来越随意，她在校外经常遇到中小学生说脏话的场面，"不光中学生说，小学生也说得很随意；不光男生说，有些女孩子说得更难听，有些话让大人们听着都觉得脸红。"

对于张老师反映的情况，记者在部分学校附近走访后发现，学生们在交流中确实粗口频爆，不仅是"我×""傻×"之类的口头禅，有的学生甚至句句带脏。刚上初一的张正告诉记者，他从小接受的教育就是要文明礼貌、遵纪守法，但他上初中以后却发现，自己很多时候都无法和同学正常交往，"我也不明白，我原来一直挺讲礼貌的，结果同学们却私下嘲笑我，相反那些骂骂咧咧、出口成脏的同学好像更受欢迎似的。时间长了，越来越多的同学多多少少都会说一些脏话。"

好妈妈分析

在我们身边，一些家长发现孩子经常"出口成脏"，但是家长往往觉得孩子就是暂时的叛逆，没有深究孩子为何会这样，于是就采取打骂的方式，有些甚至用皮带抽、罚跪。但现在的孩子懂事早、个性强，容易产生逆反心理，体罚只能取得适得其反的效果，甚至强化孩子的骂人行为。

成人说脏话，听的人习以为常，没有人会去思考脏话的含义，顶多觉得厌恶，话不投机半句多，扭头走开了事，但对于好奇、好模仿，而又入世未深的孩子，那可能带来很大的坏处。首先，骂人是一种不文明的行为，是缺乏教养的表现，它直接影响到人与人之间的交往。轻者有伤和气、重者引发他人的怨恨和报复。生活中许多人际冲突往往就是从互骂开始的。所以，当发现孩子出现骂人行为时，做父母的应该及时进行教育；否则，这是很危险的，因为时间长了，孩子容易养成骂人的坏习惯，甚至把骂人当成自己的专长，到那个时候，孩子想改正都很难了。

好爸妈支招

孩子满口脏话在很大程度上是模仿身边的人。因此，在家庭中，家长要注意提高自身的修养，文明用语，对人和善，为孩子的健康成长提供一个净化的环境。同时在孩子不说脏话时，及时给予关心和肯定，引导孩子学会正确面对挫折，以宽容之心看待与他人的摩擦。同时要关注孩子经常接触且关

系密切的人中有没有喜欢讲不文明的话、不注意生活小节的人。如果有，家长要诚恳地提醒他：由于孩子辨别是非的能力弱，只会盲目地模仿别人，所以，他们极容易受到不良行为的影响。作为生活在孩子身边的成年人，应该以身作则，严于律己，管住自己的嘴巴，管住自己的手；必须用真、善、美的高尚情操去塑造孩子的人格、心灵，用实际行动为孩子提供一个文明、美好、和谐的生活场所。

如果发现孩子开始说脏话，作为家长，首先应冷静分析孩子的脏话是怎么来的。要发现模仿源，发现是谁教他的，应该对这个人做工作，或者让孩子远离这些改正不了的脏话群体。有些年龄小点的孩子骂人是寻求注意，那么家长一定不要给他注意，他说脏话时，家长要表现出毫无兴趣的样子，看到家长对此不感兴趣，慢慢地，他也就忘了。对长期不改的说脏话行为，批评是完全有必要的，但要适度，而且要一对一，不要在大庭广众之下批评他，要保护他的自尊心，在批评时，语气要坚定、要严肃，不要打骂，也可以用故事来教育他，有时会有很好的效果。

许多父母常常会在工作繁忙时忽略了孩子，没有和孩子定时互动，这样，孩子以为父母亲不爱他，便会故意说脏话来引起注意，所以，要防止孩子养成说脏话的习惯，最有效的办法就是：每天至少给孩子半小时。这半小时，说说笑话、玩玩小游戏、一同读故事书，或者谈谈天。总之，做什么都好，让孩子感受到亲子相处的愉快，就不会去仿效大人说脏话了。当然，对他的好行为要大大表扬，让他有对比，就比较容易改正。

以丑为美，告诉孩子，个性不是丑化自己

 家教现场

婷婷是本市一名高一的女生，最近喜欢上了在家长和老师看来属于奇

装异服的衣服，她的妈妈很生气，认为她这样穿很不好看，让她换下来，她却振振有词地说妈妈落伍了，跟不上时代了。妈妈非常严厉地表明自己的观点，无论如何都不让她穿那样的衣服，谁知却差点儿引发一场持久的"家庭大战"。面对女儿的"狡辩"，妈妈非常痛苦和无奈。

后来，婷婷的妈妈发现不光婷婷这样穿，周围好多孩子也都这样穿。

有一研究调查发现，初二年级某班 6 名女生，有的把头发整成蓬松的"爆炸式"，有的则把两鬓的头发烫成"波浪式"，同时染成淡淡的黄色；此外，她们的穿着也与电视中的日韩明星类似，其中一人还脚蹬黑色高筒皮靴。

无独有偶，另外一个班里 3 个关系不错的男生，长发都长得盖过了眼睛，裤腰的位置上还都挂着一根金属链子，走起路来"哗哗"作响。

后来记者又走访了另外几所中学，发现此类情况并不在少数。一名主管德育工作的老师介绍说："一些孩子放假期间有充足的时间看电视或上网，他们便用春节期间得到的压岁钱，仿照他们崇拜的一些明星（尤以日韩明星居多）进行打扮。""每年寒假结束，我们都要因为这些问题找孩子谈心。有些拒绝改正的，我们还要处分他们。"

好妈妈分析

染黄的头发、面口袋似的裤子、松糕底鞋，再加上耳垂上越来越多的饰物，正在成长的一些未成年人似乎正在用一种"新新人类"的方式告诉父母：他们是与前辈不同的一代新人，他们这才是在追求自己的个性。但是这种"个性"在我们家长眼里却显得那么另类，家长也像案例中婷婷的妈妈一样苦恼，为什么现在的孩子都以个性为理由，觉得这是一种美呢？

这一年龄段的青少年虽然喜欢追求时尚、表现个性，但缺乏对事物全面综合评价的辨识能力。有些青少年群体所追随的东西，往往是标新立异，突出自我，紧跟潮流，对自我形象不利。

研究人员在分析后发现，对怪异装扮的态度与青少年对自己外表的满意度有关。在愿意模仿怪异装扮的青少年中，大部分人倾向于追求流行而新奇的东西，但感到自己的外表缺乏魅力、对异性没有吸引力的比例却远远高于其他人，他们显然是希望借此来装扮、改变自己的形象，增加自己的魅力。如果家长、老师不能从这样一个更深层次的角度理解这一问题，只是单纯地责骂、阻止孩子的所作所为，显然会起到适得其反的作用。

好爸妈支招

当今社会，格外开放，孩子也越来越追求个性。处在青春期的孩子往往有较强的叛逆心理，随着自我意识和好奇心的增强，他们都喜欢追求自己的个性，在很多方面表现得很另类，目的是让别人关注自己。这种以追求个性为名、以丑为美的做法也是多数孩子想让自己显得很特别，引起他人注意的一种手段，但是这种手段却让父母十分揪心，不禁在心里暗想：应该怎样教育孩子才好呢？

1. 要为孩子树立精神楷模

父母对孩子的影响不只是相貌的遗传，还有精神面貌的沉淀。家庭环境的耳濡目染，可以让孩子从小懂得一个人不是只为自己活着。当他懂得了这一点，就不会以自我为中心，不会只活在自己的世界里，而是会关注社会规则，关注他人的感受。如果有了这种思想意识，孩子就不会有那么强烈的追求个性的想法，而是以一种健康的心态融入自己的家庭，融入这个社会。

2. 让孩子知道适合自己的才是最好的

每个人都有自己独特的价值观，家长的生活背景、年龄与孩子都有一定的距离，价值观也会相差很多。服装无所谓好坏，只要符合时间、地点、礼节以及年龄的要求就可以了。父母应该在着装方面给孩子做好指导，让孩子了解什么样的才是合适的。

3. 家长应该把孩子对个性的过分关注引导到其他方面

家长要支持和鼓励孩子多参加学校组织的各项活动，让孩子很自然地融入集体生活中，受到团队积极向上的影响，这就会避免或减少很多不良的影响。

孩子们在青春发育期受到来自各方面的压力。他们身体的里里外外都在变化，有时候可能自己都不知道真实的自我是什么。所以，家长要和孩子真诚地交流，对孩子的选择表示尊重。同时，在家长真正尊重他们选择的时候，还需要和孩子坦诚地交谈，谈谈社会能否认同的问题，让他们知道什么是能容忍的，什么是不能容忍的。通过这样的引导，孩子才会向良好的方向发展。

交友不当，家长可以引导，但不能控制

🖊 家教现场

河北的杨女士反映说：儿子壮壮在上初一，今年13岁，以前都很听父母的话，而且成绩也不错。可如今，儿子居然开始厌学，甚至还不想上学了。这让杨女士伤心不已。她分析其中的原因，自上学期儿子与社会上一些不良少年一起玩耍后，学习成绩就下降了，而且开始逃课。现在，杨女士全家都很担心，他们不想让儿子接触那些人，但是儿子对他们的话根本听不进去。说重了，怕孩子有逆反心理，做出什么偏激的事来；但说轻了，也不行，根本不起任何作用。杨女士为此感到很烦恼，她实在想不出什么好的办法能让儿子变回以前的样子，再这样下去，怕这个孩子的前途就这样毁了。

无独有偶，北京的詹女士也有同样的苦恼：她刚上初二的儿子齐齐突然性格变了，现在买衣服动不动就要买名牌，要不然就不穿，还说父母的观念很老土。詹女士发现，齐齐竟然开始抽起烟来，还经常逃课。经过一番调

查，詹女士也找到了原因：这是儿子与一群社会上的"不良少年"交往造成的。无奈之下，詹女士为儿子转了一所封闭式学校。上周末，当詹女士到校接儿子时，却从老师口中得知，儿子上周早已请假回家了。直到第二天下午，齐齐才回家。之前齐齐曾经整整出走了5天。现在，詹女士担心儿子会随时离家出走，"这可怎么办，打骂又怕他再次离家出走，不管的话，肯定就变坏了。"

 ## 好妈妈分析

家长们都认同一个道理：近朱者赤，近墨者黑。所有家长都希望自己的孩子交到优秀的朋友，希望孩子能像他们一样变得更优秀，而如果孩子交到了坏朋友，家长们则会生出很多担心，这是非常正常的想法。就像上面案例中的两位妈妈一样，可谓心急如焚，完全迷失了方向。

的确，孩子考虑问题还不够成熟和全面，也容易受到别人的诱导。交友不慎是很多孩子走上歧途的主要原因。孩子天生"爱扎堆"，特别是青春期的孩子，社会性意识逐渐增强，渴望融入团体，希望在同伴交往中实现自己的价值。其中，两类孩子容易交上"坏"朋友：学习成绩较差者和逆反心理过强者。前一类孩子大多因为学习成绩差，在同伴和家长眼中无法获得足够的尊重，经常被漠视与孤立。后一类孩子由于逆反心理作祟，专爱与他人对着干，以显示自己的强大和独立。

孩子和不良少年交往就好似一不小心走进了泥潭，如果父母一味训斥、责骂，他一挣扎就会越陷越深。苏联教育家苏霍姆林斯基曾说过："要像对待玫瑰花上的露珠一样呵护孩子的自尊。"而且有分析显示，越是父母老师眼中的"坏孩子"，他们的自尊心就越强、越敏感，越容易因为受到挫折而误入歧途。

所以对于交了不良朋友的孩子，家长首先要控制自己的情绪，要用爱心和耐心来对待孩子，只有这样，孩子才有可能渐渐疏远那些影响他学习的人和事。

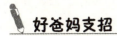

好爸妈支招

对于孩子交了不良朋友后应该怎么做的问题，很多家长都有这方面的困惑，经过心理学家和教育专家的联合研究，下面有几个方法家长可以尝试一下。

1．要加强正面的教育引导

在孩子进入中学前后，家长要不断地进行有关社会交往方面的教育。比如可以给孩子讲一些古今名人交友的生动故事，既讲交好朋友受益的道理，又讲交坏朋友受害的事例，通过这些故事，有意识地给孩子灌输交友要慎重和有选择的思想，帮助他们提高明辨是非的能力，在孩子思想上筑起一道防线，减少他们交友的盲目性。除此之外，家长还应主动帮助孩子寻找好朋友，如邻居和亲友中的好孩子、同学中的好学生，都可鼓励孩子与他们多交往，这样，在他们心中就会形成一个好朋友的标准。

2．教育过程中应该注意方式方法

如果家长发现孩子已经交上了不良朋友，家长首先应该冷静，然后花必要的时间和精力去具体了解情况。可以找孩子或者孩子的伙伴们了解情况，也可以走访学校找老师了解情况。这时候，千万不要发火打骂，或者把孩子禁闭在家，这样做只会取得适得其反的效果，更容易让孩子把家长放在对立位置，这样会使他们心理上的"归属感"转移，把他们和坏朋友拉得更紧。因此，家长要耐心说服，积极引导，继续给孩子以关心、温暖和一定的信任，避免他们到外面寻找"知音"的安慰。待其情绪稳定正常后，再用具体事实，对孩子讲明道理，晓之以利害，促使孩子与坏朋友断绝往来，当孩子有了改变的愿望和点滴行动时，要给予肯定和鼓励，千万不能以粗暴的形式对待孩子。

3．家长要及时与学校取得联系，进行配合教育

孩子的主要生活环境是家庭和学校。他们交往的对象基本也在这两个环

境的圈子里。当子女出现某些问题时，家长要及时与学校取得联系。因为学生的许多活动都在教师的视野里，教师可能掌握情况，或能提供一些背景和相关情况。另外教师是专门的教育工作者，他们掌握教育的规律，有一定的教育方法，家长可以向教师请教办法。经过这样双方共同协作，帮助孩子走向正轨就会容易很多。

4. 家长要帮助孩子转移不良兴趣，引导他们参加有益的活动

孩子的精力是有限的，如果家长能在平时带着孩子多参加一些社会活动或根据孩子的兴趣爱好参加一些业余班，为他们创设一定的条件，引导他们到有意义的活动中去寻找乐趣，这样，孩子的注意力就会转移，慢慢地就会淡忘那些不良朋友的影响。

总之，处理这个问题如同大禹治水一样，宜疏不宜堵。同时，在批评孩子的同时要反思家庭教育中的问题，标本兼治。要帮助孩子树立正确的择友观，提高自身的"免疫力"，那么，这个问题就不会成为孩子成长的绊脚石了。

上网成瘾，父母要提高孩子的存在感

家教现场

案例一：张楠在考上重点初中后，获得了父母的奖励——一台电脑。然而，张楠对电脑的痴迷引起了父母的不安。由于常常看到他上网，害怕儿子会染上网络成瘾，父亲只要一看到孩子坐在电脑前就开始紧张不已，想方设法阻止他玩电脑。由于父子意见不合，发生多次冲突。后来，父亲干脆在电脑上设置了密码，甚至拔掉了网线。张楠非常气愤，于是省下零用钱，偷偷到外面的网吧去上网。

案例二：高强是一名初中三年级的学生，父母常年在外地做生意，家里只有祖父母照顾他和妹妹的生活。刚上初中的时候，高强的学习在班级中还处于中等偏上，可自从他迷上网络以后，他就常常放学后直奔网吧。由于没有父母的管束，他的行为越来越肆无忌惮，最后常常夜宿网吧。沉溺于网络的同时，他的学习成绩也一落千丈，而且和周围同学的交流也越来越少，对班主任和任课老师则是避而远之。高强的父母非常焦虑。

好妈妈分析

以上是两个很典型的青少年网络成瘾的案例。很多有网瘾的青少年常常都有相似的原因：比如家庭教育问题、和家长缺乏良好的沟通；缺乏学习积极性，或在学业上受挫；不善于与周围同伴交往、不是老师的"宠儿"，缺少老师的关心。如果家长不是通过良好的沟通而是用粗暴的方式强制性阻止孩子上网，这样不仅不能正确引导孩子，反而会加深亲子之间的矛盾，就像案例一中的初中生张楠一样，最后选择逃避家长的管制，以家长不喜欢的行为方式来表达自己的抗议。第二个案例中，高强是典型的由于家庭教育问题引起的案例，由于缺乏父母的管束，加之平时和父母交流沟通很少，没有得到适当的关怀和引导，因此在内心很容易产生孤独感，所以只好选择上网来寻找自己的存在感。

互联网世界的精彩与刺激使孩子大开眼界，深深地吸引着他们。他们三五成群，避开家长和老师的眼睛钻进网吧，一待就是几个小时，甚至十几个小时，直至手指发麻、嗓子发干、眼皮发紧，才恋恋不舍离开网吧。实际上，孩子上网成瘾，与他们要求独立有一定的关系。现实生活中，他们要受到各个方面的限制，不能为所欲为、我行我素，独立和自由的要求受到一定的限制。而在互联网上，他们想说什么就说什么，想怎么干就怎么干，真可以说威风八面、呼风唤雨，所以他们被这个虚幻的世界所吸引，以至于废寝忘食。

但无论网络世界有多精彩、有多迷人，孩子上网成瘾的弊端是显而易

见的。首先危害身心健康，青少年正处于身体发育的关键阶段，沉迷于网络世界，长时间连续上网，新陈代谢、正常生物钟遭到严重的破坏，极大地影响了孩子身体的健康发育。还有研究表明，青少年长期沉溺于网络中，不仅会影响大脑发育，还会导致神经紊乱、激素水平失衡、免疫功能下降，引发紧张性头疼，甚至导致死亡。大多数网吧环境恶劣、空气浑浊、声音嘈杂，青少年在这种环境的网吧内上网，也容易传染上疾病。同时，上网成瘾容易诱发青少年走向犯罪的道路，在网络世界，人们的性别、年龄、相貌、身份等都能借助网络虚拟技术得到充分的隐匿，人们的交往没有责任，也没有义务。人们不必面对面地直接打交道，从而摆脱了熟人社会众多的道德约束。同时，上网成瘾会影响人际交往能力，网络成瘾者大多性格孤僻冷漠，容易与现实生活产生隔阂，导致自我更加封闭，进而不断地走向个人孤独世界，从而拒绝与人交往。以上分析足以警醒家长，一定要关注孩子上网的问题，一旦孩子陷入网络，要及时采取措施进行教育制止。

好爸妈支招

面对孩子上网成瘾的状况，很多家长就觉得特别迷茫，甚至惊慌失措，但是没有好的方式应对，于是有的家长就只知道单方面地催促、批评甚至责骂孩子。实际上，家长更应该注重自己的言行和态度，否则只会适得其反。家长在孩子的"脱瘾"过程中扮演着很重要的角色，必须打破原来一味地打骂埋怨或者放纵溺爱的传统做法，而应该定期与孩子交流，创造有利于孩子的成长环境，满足孩子正常的人际交往、游戏等方面的需求。

1. 家长要学会上网

如果家长不懂网络，就不能正确引导孩子上网、督促孩子健康上网。家长应该注意发现孩子上网中碰到的问题，在上网过程中及时与其交流，一起制定有力的措施。家长还要善用网络，当好孩子的引路人，引导孩子选择有利于他们成才的网站。

2. 家长要适时监督

家长要把握孩子在家上网或去网吧上网的时间和内容。孩子自制力差，综合判断能力较弱，父母要适时提醒孩子上网要有度。

3. 家长要改变对孩子的错误教育方法

许多父母教育方式过于简单，要么一味溺爱、放纵，要么对孩子严加看管。一旦孩子网络成瘾，便恨得咬牙切齿，采取粗暴的形式对孩子进行管教。这些对孩子的错误教育方式，都是导致网络成瘾的高危因素。正确的做法是家长要正确面对，并用适当方法去改变孩子，转移孩子的兴趣，例如可以带孩子出去旅游，既能开拓孩子的眼界，又能锻炼动手能力、交际能力，帮助他们走出网络成瘾这个迷阵。

其实网瘾并不是像抽烟吸毒成瘾等有某种成瘾物摄入体内，它只是无法控制想玩游戏的心理冲动。青少年的自控能力相对较弱，有不少青少年其实也很想戒掉网瘾，但常常欲罢不能。如果有了良好的家庭教育和沟通理解，有了外力的正确引导，会有助于加强青少年的自控能力，使他们克制住这种冲动，使孩子的身心健康得到良好的发展。

推脱责任，让孩子承担起应该承担的责任

✒ 家教现场

欣桐自小就是个聪明的孩子，属于人见人夸型的好孩子。父母更是对这个掌上明珠宠爱有加，小时候摔倒了，欣桐总会哭个不停，这时候父母在摔倒的地方跺几下，责怪是地不平导致她摔倒的，只有看到父母这样做，她才会破涕为笑。上小学后，有一次和小伙伴一起踢球，不小心把家住一楼的玻璃踢碎了，她赶紧逃回了家，直到别人找上门来，她才承认是自己踢坏的，父母赶紧给别人赔了钱，并对女儿说："没事，咱又不是赔不起。"就这样，在父

母的百般呵护下，她长成了亭亭玉立的大姑娘。23岁那年，欣桐大学毕业了，因怕女儿受累，爸爸妈妈托人花钱给她找了一个好工作，可由于她缺乏责任心，工作不积极，再加上遇到事情总是推三阻四，干了不到一年，便辞职了。

辞职后，欣桐在家一待就是半年，父母看在眼里急在心里，便又四处托人找关系，为她找了更加轻松的工作。可是她又是三天打鱼两天晒网，有一次因为忘了关设备电源开关，差点引起重大事故，后来还是因为太缺乏责任心被单位辞退。

后来别人介绍了几份工作，都因为她自己的种种原因而放弃，从此，她整天在家里不是看电视就是玩电脑，就是不出去找工作，成了名副其实的啃老族。

好妈妈分析

案例中欣桐从小就养成了不负责任的习惯，这与平时的家庭教育应该有很大的关系。孩子小时候喜欢逃避责任，家长又不及时引导，长大后就有可能成为一个不负责的人。

在社会大环境和家庭教育的影响下，现在的孩子普遍缺乏应有的责任感和责任心。社会浮躁，道德滑坡，家长溺爱，教育缺失，造就了孩子的责任缺乏。孩子喜欢推脱责任，没有责任心，原因在于父母的教育失当。一些父母不愿让孩子去承担自己的责任，偏偏喜欢替孩子包办一切，父母爱自己的孩子是正确的，但不能事事都替孩子做，如果对孩子的任何错误父母都没有批评而是替孩子去承担，孩子就喜欢依赖父母，自然就不知道如何去承担责任。还有，一些家长没有给予孩子独立承担责任的机会。当孩子有了第一次我愿意做、我会做的意愿时，正是孩子独立意识和自信态度表现的萌芽，这时候如果家长拒绝孩子，代替孩子，等于扼杀了孩子独立做事的机会，就好像孩子掉进了父母设置的"温柔陷阱"，让孩子连动手的机会都没有，何谈独立承担责任？这样在做事时真的遇到了困难和麻烦，孩子就会退缩，就会想到让父母来帮助自己，替自己承担责任。

 好爸妈支招

那么怎么培养孩子的责任感呢？

1. 家长要有责任感

我们都知道，家长对孩子成长的影响特别大，在所有的言传身教中，影响最大的莫过于家长的责任感。责任感是孩子健全人格必不可少的一部分，并为孩子身心的发展提供了动力和保障。拥有责任感的人，会备受尊重；拥有责任感的人，才能担起生活的重担。所以，培养孩子的责任感，应该引起爸爸妈妈足够的重视。

2. 除了家长自身要做好有责任的表率外，家长还要用心培养孩子的责任感

家长要有意识地交给孩子一些任务，锻炼孩子独立做事的能力。做之前，提出要求，鼓励孩子认真完成。如果孩子遇到困难，家长可在语言上给予指导，但是一定不要包办代替，让孩子有机会把事情独立做完。

3. 家长鼓励孩子做事情要有始有终

孩子好奇心强，什么都想去摸摸、去试试，但是随意性很强，做事总是虎头蛇尾或有头无尾。所以交给孩子做的事情，哪怕是很小的事情，爸爸妈妈也要检查、督促，并对结果进行评价，以便培养孩子持之以恒、认真负责的好习惯。

4. 家长可适当地让孩子了解一些父母的忧虑和难处

提出一些问题，引导孩子独立思考和选择，大胆发表自己的见解，让孩子感到家庭的美满幸福，要靠爸爸妈妈和自己的共同参与，进而增强孩子对家庭的责任心。

5. 家长要鼓励孩子勇敢地承担责任

例如，孩子跟着爸爸妈妈到朋友家做客，不小心损坏了物品。这时应该让孩子知道，是由于自己的过错，才造成了这种后果，应当给予赔偿。之

后，一定要带孩子一起买东西去朋友家道歉。

孩子的习惯都是小时候养成的，只有从小教育孩子成为有责任感的人，孩子以后走向工作岗位才能肩负起重任，才能独立地走好自己的人生。

孩子自卑，家长不能觉得孩子一无是处

家教现场

董阳上小学五年级了。妈妈觉得最近孩子变了，不合群，总是一个人待着，沉默寡言，情绪不稳定，一点小事都能让他烦躁起来，动不动就谁都不理了，和同学关系十分紧张。

一天课间时，一个同学走到董阳桌旁，拿起他的铅笔盒看。董阳马上皱着眉头说："别动！"

同学听了他冷冷的语气，心里很不舒服，不客气地斜了他一眼说："破铅笔盒，谁愿意要啊！"

董阳马上怒火中烧，喊道："你那才是破铅笔盒呢！"一拳就把同学的鼻子打得流血了。

老师来了，要了解情况。他仍然愤愤不平地说："他活该！他欠揍！谁让他说我那是破铅笔盒的！打死他都活该！"

放学的时候，老师把发生的事情告诉了董阳的妈妈。老师道出了对董阳的忧虑：董阳就像变了个人似的，现在上课也不主动举手回答问题了，还总是用敌对的态度来看同学，谁也不能跟他开一句玩笑，否则，他就生气了，谁都不理，急了用拳头来解决问题。董阳的性格越来越古怪。

妈妈一路走，一路批评他说："和同学好好玩，这点小事为什么打架啊？"董阳说："怎么玩呀，人家就是看不起我！还说我铅笔盒破。你还批评我！人家开学都买的是新文具，就我还用着去年的旧的，多丢人啊。"妈妈

看着儿子，不知道怎么说孩子好。妈妈心里明白，最近家里出了一些状况，爸爸做生意赔了钱，奶奶把腿摔断了，一直在医院，用钱的地方太多了，家里的生活就大不如前了。董阳的生活受到了影响，他觉得他比别人穷，在同学面前抬不起头。

好妈妈分析

从案例中可以看到，董阳接受不了家庭经济条件的下滑给自己生活带来的影响，他不愿意被人看不起，感到自己不如别人，他变得越来越沉默，越来越孤僻，在其他事情面前总觉得很自卑，觉得自己干什么都干不好，甚至连上课主动回答问题的勇气都没有了。其实，家长发现还有很多事情会让孩子在自卑中变得孤僻。如很多青少年因为自己相貌、身材、肤色等原因产生自卑；有些学生看到别的同学学习好、人缘特别好，因此而自卑；有些孩子因为父母与教师的负面评价而自卑；也有像案例中董阳一样家庭经济条件不如班里同学的孩子，都可能慢慢觉得自卑，然后由自卑走向孤僻。

自卑的人，往往不切实际地低估自己，只看到自己的缺陷，而看不到自己的长处，由于对自己各方面的评价都过低，所以害怕得不到别人的尊重，又感到自己哪里都不如别人，时间长了，就丧失了实现自我的信心。自卑会使人背上沉重的思想包袱，丧失前进的动力，进而影响人一生的发展。

好爸妈支招

在这个充满竞争的现代社会中，一个自卑而缺乏信心的人是很难获得最后成功的，甚至一起步就面临被淘汰的命运。不少家长发现，自己的孩子自卑感很重，心里很着急，又不知道用什么办法让孩子真正自信起来。然而，一个孩子的自卑感不是一朝一夕形成的，家长若不能在早期阶段关注孩子的这一问题，一旦孩子的自卑感形成并定型，再要扭转，就不是一件容易的事。

1. 如果家长发现孩子有自卑心理的趋向，首先要寻找原因

通过与孩子沟通，询问孩子，是否有老师、同学、家长说过什么不好听的话，影响了他对自己的信心；也有可能他经历过什么挫折失败，使他难于走出心理上的阴影；还可能是家长对他照顾太多，他感到自己某些能力不如别人，而觉得自己不行……只有找出症结所在，才好对症下药。比如案例中的妈妈，她发现了孩子是因为最近家里条件不好引起的自卑，那么就应该引导他从别的方面看到自己的长处，比如自己的学习成绩进步比别人快、自己比别的同学独立性更强等，让孩子不要总盯着不如别人的地方，而要让自己变得更优秀，这样自然就不会受到同学的冷落和嘲笑了。

2. 鼓励孩子主动交朋友

可鼓励他经常主动邀请同学或其他同龄人来自己家玩，或去对方家里。通过主动交朋友，可减少他的自卑感，同伴的称赞和肯定会令他自信起来，可能比家长的表扬作用更大。随着孩子年龄增长，尤其是到了青春期，孩子一定要加入同龄人团体，得到周围同伴的接纳，这样他才会建立起自信心。

3. 家长要给孩子正确的评价

作为家长，最了解自己的孩子，所以，要对孩子有一个客观的、正确的评价，向孩子说明在父母眼中他的优缺点是什么。同时，应该告诉孩子：不成熟是优势，可以在成长的过程中弥补自己的不足；不成熟和幼稚，都不是缺点，不应该为此而自卑，相反，每个人身上都是有很多优点的，这些优点反而可能是别人的不足。通过这样的引导，让孩子意识到自己有不足但是也有别人很羡慕的优点，不要为自己的缺点而感到自卑。

面对孩子的自卑，家长应给予更多的关心和不失时机的教育引导。对于许多孩子来说，家长的信任和期待是一种强大的精神力量，他能激励孩子跨越失败的沼泽地，点燃希望之火。通过鼓励和引导，孩子才会重新找回信心，不再觉得自己干什么事情都干不好了。

喜欢攀比，要和同学多比比成绩

家教现场

案例一：佳佳爸爸天天开车去学校门口接送佳佳。以前，放学铃声一响，佳佳很快就能和伙伴们一起冲出来，有时还会叫上几个顺路的小伙伴，一同钻进车厢；可是现在，爸爸经常要等得眼睛都快变蓝了，全校人也差不多走光了，佳佳才不紧不慢地一个人溜达出来。问其原因，哪知佳佳竟说："爸，以后别把咱家的'奔奔'车停在校门口了。那边有条没人的巷子，您就停那儿吧。我一放学立马就奔过去。您知道为啥吗？我真丢不起那个人哪！您是不知道，我们班有个同学，平时成绩不咋的，但最近别提多神气了，没办法啊，谁让他爸开的是宝马呢！车牌号还挂了N多个8！再看看别的同学，我们同学有的家里有帕萨特，有的有本田，个个都比咱家车强呢！再不济，有辆捷达的，也勉强说得过去。可瞅瞅咱家的小奔奔，让我在同学面前一点脾气也没有，特跌份儿！要是啥时候能变成它爷爷——奔驰，那我就得劲儿了。"好家伙，爸爸听了气不打一处来，"我还没嫌弃你学习不如别人呢，你倒先埋怨起我的车不行了！你这样成天比吃比喝比排场，就是不比学习成绩，这才是跌份儿呢！"爸爸生气地说道。气归气，但是得找到解决问题的办法啊，爸爸对目前佳佳的情况无比焦虑。

案例二：梅梅过13岁的生日，妈妈就和她商量，不如请几位好朋友在家吃顿饭庆祝一下。可梅梅却不同意，还说："上周同学过生日，他请我们到大饭店'暴撮'一顿，花了几千呢！可您却让我在家里请客，又寒碜又小气，多丢人现眼呢！"于是妈妈苦口婆心地说："咱家的条件和别人不一样，只要是这个意思就行了嘛！"梅梅听了嘴一撇："您怎么这么抠啊？现在流行什么？您都知道吗？钱本身并不重要，要舍得花钱才是硬道理！今儿多花点钱摆上几桌，立

马挣足了面子；以后大不了吃他一个月的方便面，反正同学们又不会知道。"

好妈妈分析

上面案例中孩子的表现，相信家长都不陌生，甚至可能很多父母正面临着这样的问题。人生活在群体当中，将自己和周围的人作比较是正常现象。尤其是孩子，他们刚开始用自己的眼睛观察生活，难免有"乱花渐欲迷人眼"的迷茫。所以，一旦看到别人拥有的东西，这些孩子往往不能冷静地分析"我是不是需要"，而是急切地想自己也拥有。正是这种迷茫的心理，让孩子看起来像是在和别人攀比。只是这种攀比不是用在了学习上，而是用在了大手大脚花钱而换来的物质上。

孩子爱攀比，其中的原因是因为担心被周围的人排斥。在他们看来，共同语言一部分是建立在共同拥有的物质之上，如果看着大家都在拿着手机相互讨论，而自己没有，就觉得插不上话，感到被同学孤立了。因此，他们就要不断地追随周围人的脚步，表现出来就是攀比。

其实，孩子的攀比心理可以理解，但家长如果不正确引导，最终可能扭曲他们的心灵。孩子爱攀比，说明其内心有强烈的竞争意识。父母可以让孩子把注意力转移到学习上，激发他们的上进心。

好爸妈支招

事实上，攀比并非洪水猛兽，俗话说："堵不如疏。"孩子开始比较时，我们首先得分清是良性的比较还是恶性的比较，然后区别对待孩子的要求，给孩子理性的指导。

1. 家长要以身作则

家长忌拿自己的孩子跟别的孩子来比。很多父母在训导孩子时，常会拿别的孩子跟自己的孩子比较，这样的刺激只会让孩子消极，并催生攀比心理。每个家庭的教育背景、生长环境都不同，也没有什么可比性，相反，要影响并引导孩子学会自己跟自己比，学会拿自己的这次成绩跟上次成绩比，今天跟昨天比。

2. 家长要教孩子学会理财

培养孩子的价值观念，给孩子买东西时由孩子自己来付钱，让他学会记账，了解自己的索取与父母的付出。这不仅能让孩子懂得感恩、节制消费，还能培养其家庭责任感，时间长了，孩子就不再花钱大手大脚了。

3. 家长不要过分疼爱独生子女，防止出现攀比惯性

作为家长，不要给孩子一切他想要的东西，这样，很容易养成孩子过度的以自我为中心的心理，不能对孩子千依百顺、娇生惯养、姑息迁就，否则，很容易造成攀比心理惯性，不利于孩子心理健康地发育。

4. 家长可以教育孩子学会"反攀比"

孩子们在攀比的时候，最典型的理论就是"别人都有，所以我也应该有"。对付这样的孩子，比较快速生效的办法是实行反攀比。比如：张扬虽然有新滑板车，可是你有新的滑冰鞋啊……

5. 要善于改变孩子攀比的焦点

孩子有攀比的心理，说明孩子的内心有竞争的倾向或意识，想达到别人同样的水平或超越别人。父母就要抓住孩子这种上进心理，改变孩子攀比吃穿、消费的倾向，引导孩子在学习、才能、毅力、良好习惯等方面进行攀比。

总之，家长要经常给孩子灌输"不比穿戴比学习、不比文具比志气、不比吃喝比成绩、不比家庭比能力"的思想，防止孩子恶性的物质攀比。

不喜欢阅读，多给孩子选择合适的读物

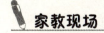
家教现场

曾经有一个老师讲了一个关于改变孩子阅读习惯的案例。

　　我面前的这位家长脸上挂满了忧愁疑惑和无奈，她在单位是个不小的领导，但就是这样一个在单位握有一定权力的领导，都怎么也想不通，工作上的事情她可以呼风唤雨、得心应手，为什么面对正读初中的儿子就那么束手无策。她说："现在，孩子什么书也不读，除了作业，别的时间就想看电视，真拿他没办法。"

　　只写作业不读书，是一个非常值得注意的现象。按正常说，没有一个孩子小时候是不喜欢读书的。儿童的好奇心使他们睁大了眼睛观察这个世界，他们对周围的一切都是那么的感兴趣，转动的钟表、神秘的锁芯、可以发出声音还有图像的电视等无不吸引着他们的目光。在成长的某一时刻，他们开始对书感兴趣，一幅幅图画、一个个文字，虽然他们还不完全清楚其中的意思，但这不影响他们拿着一本本连环画翻来翻去。我自己在上学以前对小人书《三国演义》产生过浓厚的兴趣，那时，比我大一些的孩子边翻页边向我讲述下面的文字写了什么，不知不觉，我的魂就被"诸葛亮""刘备"勾去了，不但急切地想知道下面的内容，还奢望着什么时候自己也可以拥有这样一本小人书呢。

　　所以我特别不能理解她的孩子不爱看书，于是我继续问家长："你的孩子小时候爱看书吗？"答曰："小时候爱看，曾经缠着我给他读故事。"我又问："是从什么时候不要看书的呢？"答曰："是五六年级吧，也可能是三四年级。"她进一步解释："都大孩子了，还看那些小人书有什么用，我就向他推荐了四大名著等，反正都是很有价值的书，但人家翻翻就扔一边了。"

　　至此，"病因"已经清楚。就好比北方人想吃包子和馒头，可你非让人家吃大米，而又让爱吃大米的南方人吃面条和馒头，那结果只能是不吃或者少吃，长此以往，只能厌食了。

✒ 好妈妈分析

　　现在的孩子都是伴随着电子产品长大的一代，他们的课余时间被影像、电子游戏和卡通占据着，阅读在他们的生活和学习中占据的时间越来越少，随着孩子年龄增大，越来越多的孩子不喜欢阅读。

为什么现在的孩子长大了反而不喜欢阅读了呢？一方面是因为孩子对父母为他买的书没兴趣，因为家长是从成人的角度为孩子选择读物的，没有充分考虑孩子的年龄特点和个性。还有可能是孩子的课余时间几乎被更有趣味的电视、电脑、电子游戏占满，专心读书的时间越来越少。除此之外，父母对孩子的阅读引导不到位，没有抓住孩子的兴趣和好奇心。

还有一点是家长让孩子阅读的功利性太强了，又是让孩子做读书笔记，又是让孩子写心得体会，搞得孩子兴趣全无。就像案例中的孩子一样，家长要求他看的书不是他想要看的，因而就会产生反抗的情绪。其实阅读无论是对成年人也好，还是对孩子也好，一定要以快乐为基本，没有快乐感的阅读无法持续。其实孩子阅读最重要的目的不是学多少东西，而是通过这种阅读能够让孩子获得感受生活的一种能力，得到心灵的一种启发。

好爸妈支招

从上面的分析我们可以看到，现在的孩子不喜欢阅读的一个很重要的原因是，他们在现在的阅读中找不到自己想要的那种快乐。那作为家长应该如何引导比较好呢？

1. 要发掘孩子的兴趣所在，给孩子选择的自由

在为孩子选择阅读材料时，最好带孩子一起到书店，尽量选择孩子感兴趣的书籍，多给孩子一些自主权，家长只是提一些参考意见。特别是对上小学的孩子来讲，正是建立一生阅读习惯的时期，阅读内容越广泛，越容易激发他对阅读的兴趣。所以，家长不要不顾及孩子买"闲书"的愿望，而一味盯着教辅，否则，只会抹杀孩子的阅读兴趣。

2. 要为孩子创造良好的阅读环境

家长应以身作则，关掉电视机，最好也能和孩子一起进行阅读，孩子一定会留意到你的阅读习惯；和孩子一起阅读，让孩子养成阅读文字的好习

惯，和孩子一起制订阅读计划，同时传授给高效的阅读方法。反之，如果父母在看电视、玩游戏或者打麻将，在这样的氛围中，孩子肯定也不会对阅读产生兴趣。

所以，做父母的无论多忙，为了能让孩子爱上读书，一定要想办法多抽出一点时间，巧妙地利用孩子的好奇心和求知欲，激发起孩子读书的兴趣，把孩子逐步引导到爱读、乐读的轨道上来。

懒惰和依赖，让孩子自己的事情自己做

 家教现场

平平上二年级了，人很聪明，就是任性、霸道、娇气、懒惰，家里什么事情都指望妈妈去做。由于妈妈生平平的时候年龄比较大了，所以，平平出世后，就成了妈妈的掌上明珠。从小到大，平平从没干过一点家务活儿，连碗筷都不会摆，吃橘子每次都要妈妈剥好，苹果得妈妈削好切成块才吃。在学校里，轮到他和另一个同学值日时，不是自己不动手，专指挥对方做，就是早早地自己跑掉，留下同学一人做。当老师找到他，问他为什么不做值日时，他还振振有词："老师，我不会干活，我也不愿意干。""这不是愿意不愿意的问题，这是每个学生的责任，每个学生都得参加劳动。""我没有责任，我的责任不是劳动。不是有另外一个同学吗，他可以帮我做卫生啊。"老师惊愕。平平妈妈知道后，批评他："儿子，你都这么大了，在学校得主动参加劳动，这是责任。"平平反说："责任，你不是说我的责任是学习吗？我不喜欢干活，有另外一个同学干就行了。"

好妈妈分析

在上面的案例中，家长责怪孩子没有责任心、懒惰，但是仔细想想，

孩子变成这样，是谁的错呢？应该反省的是家长，是家长自己越过了责任界限。该孩子做的事，因为家长的手太长，伸过去替他完成了。长此以往，孩子觉得什么事都是别人的事，在家依赖父母、在学校依赖老师和同学，变得懒惰、没有责任心也是情理之中了。

在我们养育孩子的过程中，父母喜欢用行动来表达自己对幼小孩子的无限的爱，唯恐爱之不深、爱之不够。最常见的就是包办、代替、过度保护，这是生活上的溺爱；还有一种是父母性情急躁，看孩子做事慢慢腾腾，老半天也做不完，干脆自己做算了，也没有那个耐心，干脆等他长大一点，再让他做；再一种，就是追求内心完美的父母，他们看到孩子做事拖泥带水，就不舒服，做不好还要自己重做一遍，不如自己亲自做省心。时间长了，孩子就习惯了什么事情都由别人帮忙做，自己伸伸指头的事都会觉得累。

如今的独生子女有严重的依赖性，什么事情都要靠父母，没有主见，缺乏独立性，在家里，"反正妈妈会喊我起来""反正我不叠被子妈妈会帮我叠"；在学校，"反正我不回答，总会有别人说出正确答案""反正作业不会做，可以抄同学的完成任务"。这种依赖别人的惰性心理只会使自己的能力减退，思维变得越来越迟钝，遇到难题就真的不会做了。这种依赖性就是导致懒惰的主要原因。懒惰的人常有"明日复明日"的思想，明知道这件事应该今天完成，却总期待着能够明日再做。

好爸妈支招

现在大多家庭都是独生子女，随着家庭环境与社会环境的不断改变，许多孩子从很多方面表现出来的懒惰和依赖思想令人担忧。懒惰既是一种不良习惯，也是一种不良性格，是成功的绊脚石。要想面对人生道路上的困难与挫折，就要努力克服懒惰和依赖的习惯。

1. 从小要培养孩子自主的性格和独立生活的能力

孩子自己能做的事，父母就不要包办代劳，而是要放手让孩子自己去

做，不怕犯错。作为孩子，不要一遇到困难就找父母，应该先自己独立处理。在学习方面也是如此，若有疑难问题，力求自己解决，不要动不动就问老师、父母，父母在此时更要磨炼孩子的意志，坚强的意志力是克服懒惰的力量。

2. 要给予孩子最大的鼓励

如果缺乏鼓励，孩子就很难持续做事和学习的兴趣，进而变得消沉、懒散。哪怕孩子有一点点的进步，父母都应该不遗余力地为他加油打气，让他获得重新前进的信心。在孩子失败的时候，鼓励就更为重要，哪怕只是一句安慰的话，也会使他信心大增。

3. 要为孩子制定一个短期容易达到的目标

孩子难免有时候会因为懒惰而造成学习停滞不前，甚至退步，当父母在面对这个问题时，可以对孩子提出一些短时间易达成、难度较小的要求，让孩子可以获得一定的成就感，这种成就感会促使孩子继续努力。

4. 要教给孩子正确的学习方法，发挥家教的正面效应

做事或学习方法若不正确，即使用尽全力，也不可能做好、学好，时间一长，孩子就会对这些事情失去兴趣或者产生害怕的心理，逐渐疏于学习，慢慢也会变得懒惰，没有进取心。父母应该引导孩子找到如何让做事或学习变得更有效率的方法，一旦孩子发觉这些方式的确让做事或学习变得更有效率，就会充满信心地持续下去，还有，就是家长要以身作则，凡事要在家里为孩子起到表率作用，这样，孩子就没有可以懒惰和依赖的理由了。

习惯都是从小养成的，因此，家长要让孩子从小自己做力所能及的事情，不要有依赖意识，这样，孩子就会远离懒惰，做个有责任心、自强自立的人。